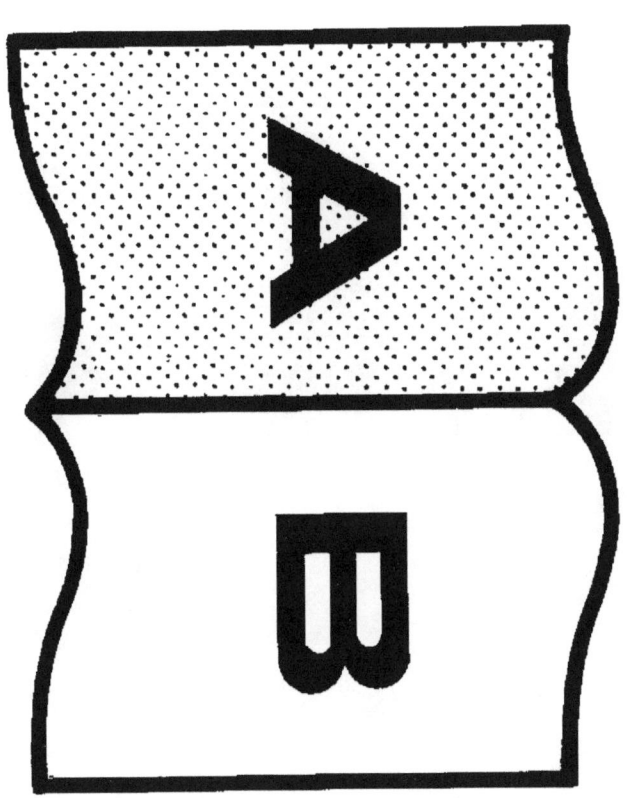

Contraste insuffisant

Z

RÉPERTOIRE

DE LA

LITTÉRATURE

ANCIENNE ET MODERNE.

IMPRIMERIE DE E. POCHARD,
RUE DU POT-DE-FER, N° 14, A PARIS.

RÉPERTOIRE
DE LA
LITTÉRATURE
ANCIENNE ET MODERNE,

CONTENANT :

1° LE LYCÉE DE LA HARPE, LES ÉLÉMENTS DE LITTÉRATURE DE MARMONTEL, UN CHOIX D'ARTICLES LITTÉRAIRES DE ROLLIN, VOLTAIRE, BATTEUX, etc.;

2° DES NOTICES BIOGRAPHIQUES SUR LES PRINCIPAUX AUTEURS ANCIENS ET MODERNES, AVEC DES JUGEMENTS PAR NOS MEILLEURS CRITIQUES, TELS QUE :

D'Alembert, Batteux, Bernardin de Saint-Pierre, Blair, Boileau, Chénier, Delille, Diderot, Fénelon, Fontanes, Ginguené, La Bruyère, La Fontaine, Marmontel, Maury, Montaigne, Montesquieu, Palissot, Rollin, J.-B. Rousseau, J.-J. Rousseau, Thomas, Vauvenargues, Voltaire, etc.;

Et MM. *Amar, Andrieux, Auger, Burnouf, Buttura, Chateaubriand, Dussault, Duviquet, Feletz, Gaillard, Le Clerc, Lemercier, Patin Villemain, etc.*;

3° DES MORCEAUX CHOISIS AVEC DES NOTES.

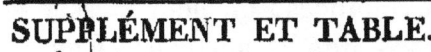

SUPPLÉMENT ET TABLE.

A PARIS,
CHEZ CASTEL DE COURVAL, LIBRAIRE-ÉDITEUR,
RUE DE SAVOIE, N° 6, ET RUE DE RICHELIEU, N° 87.

M DCCC XXVII.

TABLE MÉTHODIQUE*.

STYLE.

Ses divers caractères, et ses qualités essentielles et relatives. *Voyez* dans le *Répertoire* l'article STYLE, par Marmontel. *Voy*. aussi le même sujet traité par Buffon et par Charles Loyson.

— *Usage.* Étendue et limites de son autorité. Il tend à ruiner la langue. *Voy.* l'art. USAGE, par Marmontel.

— *Analogie du style*, en lui-même et dans ses rapports. *Voy.* ANALOGIE, par Marmontel.

— *Ton.* Le bon ton ne devrait être que le bon goût mis en pratique. *Voy.* TON, par Marmontel.

— *Convenances.* Il en est d'immuables, il en est de changeantes. Les beaux sujets sont ceux dont l'effet dépend des convenances immuables. *Voy.* CONVENANCES, par Marmontel.

— *Bienséances.* Elles tiennent aux mœurs locales. En observant les convenances, on peut blesser les Bienséances : le goût consiste à les accorder. *Voy.* BIENSÉANCES, par Marmontel.

— *Vérité relative.* C'est elle, et non la vérité absolue, qu'il faut consulter dans le style et dans la peinture des mœurs. *Voy.* VÉRITÉ RELATIVE, par Marmontel.

---

* Cette table n'est autre que celle qui est à la suite des *Éléments de Littérature* de Marmontel, avec quelques additions, qui nous ont paru nécessaires pour les personnes curieuses de faire une étude raisonnée et complète de la littérature.   F.

— *Sublime.* Le vrai sublime est dans la pensée, dans le sentiment, dans l'image. Le mérite de l'expression est de le rendre tel qu'il est, sans l'outrer et sans l'affaiblir. *Voy.* sublime, par Marmontel.

— *Simple.* Loin d'être opposé au sublime, il lui est analogue, et rien ne sympathise tant que le sublime dans la pensée et le simple dans l'expression. *Voy.* simple, par Marmontel.

— *Tempéré.* Il admet des parures que le simple néglige et que le sublime dédaigne. *Voy.* tempéré par Marmontel.

— *Brillant.* Son caractère est dans la pensée et dans l'expression. *Voy.* brillant, par Marmontel.

— *Gracieux.* Il est tel, sur-tout par les images. *Voy.* gracieux, par Marmontel.

— *Familier.* Il tient le milieu entre le langage populaire et le style héroïque. C'est à lui qu'appartiennent les nuances fines et délicates de l'expression. *Voy.* familier, par Marmontel.

— *Marotique.* Son caractère est la naïveté. La Fontaine est le seul poète qui ait excellé en l'imitant. *Voy.* marotique, par Marmontel.

— *Ampoulé.* Style où la parole excède la pensée, exagère le sentiment. *Voy.* ampoulé, par Marmontel.

— *Diffus.* En quoi il diffère de *lâche* et de *prolixe.* *Voy.* diffus, par Marmontel.

— *Bas.* Le haut style n'exclut que la bassesse de convention. Il admet, en l'ennoblissant, ce qui n'est bas que de sa nature. *Voy.* bas, par Marmontel.

— *Burlesque.* Comme il y a de bons et de mauvais bouffons, il y a un bon et un mauvais burlesque. *Voy.* burlesque, par Marmontel.

— *Jargon.* Il est placé lorsqu'il imite : c'est l'usage

qu'en a fait Molière. *Voy.* JARGON, par Marmontel.

— *Élégance.* Réunion de toutes les graces du style. *Voy.* ÉLÉGANCE, par Marmontel.

— *Aménité.* Douceur accompagnée de politesse et de grace, dans le style comme dans les mœurs. *Voy.* AMÉNITÉ, par Marmontel.

— *Noblesse.* Le style noble est composé du familier et de l'héroïque. *Voy.* NOBLESSE, par Marmontel.

— *Chaleur.* La chaleur du style en est l'âme et la vie. C'est comme la chaleur naturelle du sang. *Voy.* CHALEUR, par Marmontel.

— *Abondance.* Celle du style suppose celle des sentiments et des idées; sans quoi elle n'est pas richesse, elle n'est qu'ostentation. *Voy.* ABONDANCE, par Marmontel.

— *Finesse.* En quoi elle diffère de la délicatesse. *Voy.* FINESSE, par Marmontel.

— *Délicatesse.* Celle de l'expression consiste à imiter celle du sentiment, ou à la ménager : ce sont là ses deux caractères. *Voy.* DÉLICATESSE, par Marmontel.

— *Affectation.* Manière étudiée de s'éloigner du naturel : celle d'un écrivain n'est pas celle d'un autre. *Voy.* AFFECTATION, par Marmontel.

— *Mouvements du style.* Ils doivent répondre à ceux de l'âme. Action de l'âme, comparée au mouvement des corps. *Voy.* MOUVEMENTS DU STYLE, par Marmontel.

— *Figures* de mots et de pensées. Figures de pensées, toutes réunies dans un exemple, pris dans le langage du peuple. Outre les articles FIGURES par Marmontel et La Harpe, *voy.* l'analyse qu'a faite ce dernier critique de ce que Quintilien a écrit sur les *Figures*, tom XXIII, du *Répertoire*, pag. 142-177.

— *Apostrophe.* Le plus fréquent et le plus animé des

mouvements oratoires. *Voy.* ce mot, par Marmontel.

— *Ironie.* Le style héroïque l'admet comme le style familier. *Voy.* IRONIE, par Marmontel.

— *Image.* Elle suppose une ressemblance. Quelle ressemblance peut-il y avoir entre une idée métaphysique, ou une affection morale, et un objet matériel? Ce principe d'analogie éclaire le choix des images. *Voy.* IMAGE, par Marmontel.

— *Comparaison* oratoire et poétique. L'une fait preuve, et l'autre ornement. Dans quels genres la poésie abonde en comparaisons, dans quels genres elle en est sobre. *Voy.* COMPARAISON, par Marmontel.

— *Allusion.* Finesse de pensée et de langage. Rapport indiqué d'un seul trait. *Voy.* ALLUSION, par Marmontel.

— *Application.* Plus le nouveau sens dans lequel on emploie une citation, un passage, est éloigné de son sens primitif, plus l'application en est ingénieuse, lorsqu'elle est juste. *Voy.* APPLICATION, par Marmontel.

— *Épithète.* L'adjectif est de nécessité, l'épithète est de luxe. Mais ce luxe a ses bornes. L'épithète qui dans le style ne contribue à donner à la pensée ni plus de beauté, ni plus de force, ni plus de grace, est un mot parasite. Exemples d'épithètes bien ou mal employées. *Voy.* ÉPITHÈTES, par Marmontel.

— *Hyperbole.* Elle a sa mesure ; et la mesure fait sa justesse. *Voy.* HYPERBOLE, par Marmontel.

— *Antithèse.* Elle est naturelle et convenable à tous les styles. L'abus seul en est vicieux. *V.* ANTITHÈSE, par M.

— *Pointe* (ou jeu de mots), permise si elle est fine et juste. *Voy.* POINTE, par Marmontel.

HARMONIE DU STYLE.

Elle résulte du son et du nombre. La source en est

dans les éléments physiques d'une langue. Analyse de ces éléments. Si la prose française est susceptible d'harmonie, et jusqu'à quel point. *Voy*. HARMONIE DU STYLE, par Marmontel.

— *Prosodie*. La langue française a la sienne. *Voy*. PROSODIE, par Marmontel.

— *Nombre*. Ce qu'il était dans les langues anciennes, ce qu'il peut être dans la nôtre. *Voy*. NOMBRE, par Marmontel.

— *Accent*. Modulation naturelle de la parole. Accent prosodique et accent oratoire. Si, dans les langues anciennes, l'un était invariable, et l'autre changeant, comment s'accordaient-ils? Dans notre langue, l'accent prosodique est mobile et cède à l'accent oratoire. *Voy*. ACCENT, par Marmontel.

— *Période*. Style périodique dans les langues anciennes. L'inversion lui était favorable; mais sans l'inversion il peut encore avoir du nombre et de la majesté. *Voy*. PÉRIODE, par Marmontel.

— *Articulation*. C'est dans le mécanisme de la parole que se trouvent les éléments de la prosodie d'une langue et de la mélodie dont elle est susceptible. *Voy*. ARTICULATION, par Marmontel.

— *Nasale*. Différence de la nasale ancienne et de la nôtre. C'est une erreur de croire que le son nasal, lorsqu'il est pur, soit désagréable à l'oreille. Nos nasales contribuent sensiblement à l'harmonie de notre langue. *Voy*. NASALE, par Marmontel.

— *Grave*. Le caractère de la voyelle grave, dans notre langue, n'est pas l'abaissement, mais le volume du son. *Voy*. GRAVE, par Marmontel.

— *Muet*. Quoique le son de l'*e* muet soit de toutes les langues, il n'est écrit et n'est compté pour voyelle que dans la nôtre. Il répond à la finale brève et *tombante* des Italiens. Est-il aussi défavorable qu'on le dit à notre poésie lyrique? *Voy.* MUET, par Marmontel.

— *Vers*, métrique et rhythmique. A quel point nos vers rhythmiques peuvent s'assimiler aux vers métriques des Anciens. *Voy.* VERS, par Marmontel.

— *Alexandrin*. Vers héroïque français. *V.* ALEXANDRIN, par Marmontel.

— *Rime*. Le vers métrique s'en passait. Le vers rhythmique en a eu besoin. Causes du plaisir que nous fait la rime. *Voy.* RIME, par Marmontel.

— *Blancs (vers)*. La paresse les a inventés. Dans aucune langue ils ne sont métriques. *Voy.* BLANCS (VERS), par Marmontel.

— *Prosaïque*. Vers prosaïque. En quoi consiste ce défaut. *Voy.* PROSAÏQUE, par Marmontel.

— *Césure*. Dans les vers anciens le sens n'était pas suspendu à la césure, comme il l'est à notre hémistiche. *Voy.* CÉSURE, par Marmontel.

— *Hiatus*. On l'a exclu de nos vers, sans distinction; et on a eu tort. *Voy.* HIATUS, par Marmontel.

— *Dactyle*. Rare dans notre langue, mais suppléé par l'anapeste. *Voy.* DACTYLE, par Marmontel.

— *Anapeste*. Le caractère de ce nombre change au gré de l'expression. *Voy.* ANAPESTE, par Marmontel.

— *Distique*. Les vers accouplés par distiques ont une marche lente, monotone et contrainte. Les grands poètes n'écrivent pas ainsi. *Voy.* DISTIQUE, par Marmontel.

— *Licence*. Irrégularité de langage, permise au poète en faveur de la mesure, de la rime, ou de l'élégance. *Voy.* LICENCE, par Marmontel.

POÉSIE.

Histoire naturelle de la poésie, considérée comme une plante. *Voy.* POÉSIE, par Marmontel.

— *Poétique.* Quels sont les ouvrages anciens et modernes où sont tracées les règles de la poésie. *Voy.* POÉTIQUE, par Marmontel.

— *Poète.* Son caractère, ses talents, ses études, d'après l'idée essentielle de la poésie. *Voy.* POÈTE, par Marmontel.

— *Génie.* En quoi il diffère du talent. Fonctions de l'un et de l'autre. *Voy.* GÉNIE, par Marmontel.

— *Imagination.* Faculté de l'âme qui rend les objets présents à la pensée. Dans quel sens elle est créatrice. *Voy.* IMAGINATION, par Marmontel.

— *Enthousiasme.* Il réside dans l'imagination et dans l'âme. *Voy.* ENTHOUSIASME, par Marmontel.

— *Éloquence poétique.* L'art de rendre la feinte et le mensonge vraisemblables et intéressants. *Voy.* ÉLOQUENCE POÉTIQUE, par Marmontel.

— *Invention.* Elle embrasse les faits et les possibles. Inventer, c'est combiner diversement ce qui se passe ou peut se passer au milieu de nous, autour de nous, et en nous-mêmes. *Voy.* INVENTION, par Marmontel.

— *Plan.* Ordonnance, disposition, premiers linéaments du dessin d'un ouvrage. Il en circonscrit l'étendue, marque la distribution et l'emplacement de ses parties, leur rapport, leur enchaînement. Ce doit être le premier travail du poète, de l'orateur, de tout homme qui se propose de faire un tout qui ait de l'ensemble et de la régularité. *Voy.* PLAN, par Marmontel.

— *Attention.* Elle donne à l'esprit une fécondité surprenante et inespérée : c'est le plus grand secret de l'art, le plus grand moyen du génie. *Voy.* ATTENTION, par Marmontel.

— *Fiction.* Ses quatre genres : le parfait, l'exagéré, le monstrueux et le fantastique. *V.* FICTION, par Marmont.

— *Merveilleux* naturel et surnaturel. Chaque hypothèse, ou système poétique, a son merveilleux surnaturel, qu'il ne faut jamais déplacer. *Voy.* MERVEILLEUX, par Marmontel.

— *Vraisemblance.* Dans l'extraordinaire et dans le merveilleux, elle dépend des proportions et de l'identité du composé poétique. *Voy.* ce mot, par Marmont.

— *Illusion.* L'illusion que font les arts ne doit jamais être complète. Ce n'est donc pas la ressemblance exacte, mais la ressemblance embellie qu'on demande à l'imitateur. *Voy.* ILLUSION, par Marmontel.

— *Beau.* Ses caractères dans la nature et dans l'imitation. *Voy.* BEAU, par Marmontel.

— *Bonté.* Dans la nature et dans les arts. Bonté morale. Bonté poétique. *Voy.* BONTÉ, par Marmontel.

— *Intérêt.* Affection de l'âme qui lui est chère et qui l'attache à son objet. Intérêt de l'art. Intérêt de la chose. Moyens de rendre intéressante la nature physique et son imitation. *Voy.* INTÉRÊT, par Marmontel.

— *Mœurs.* Inclinations et affections de l'âme. Naturel modifié par l'habitude, différemment selon les climats, l'âge, le sexe, les conditions, les situations de la vie. *Voy.* MOEURS, par Marmontel.

— *Pathétique.* Direct ou indirect : ses deux manières d'agir sur l'âme. *Voy.* PATHÉTIQUE, par Marmontel.

ÉPOPÉE.

Tragédie en récit. En quoi l'épopée et la tragédie se

ressemblent, en quoi elles diffèrent du côté de l'action et du côté du style. *Voy*. l'art. ÉPOPÉE, par Marmontel, et les articles HOMÈRE, VIRGILE, LUCAIN, STACE, SILIUS-ITALICUS, ARIOSTE, TASSE, CAMOENS, ALONZO D'ERCILLA, MILTON et VOLTAIRE, etc.

— *Fable*. Tissu de l'action épique ou dramatique. *Voy*. FABLE, par Marmontel.

— *Action* progressive et finale. L'une est un combat, l'autre un évènement. L'action épique ou dramatique est un problème dont le dénouement est la solution. *Voy*. ACTION, par Marmontel.

— *Intrigue*. Disposition des causes et des obstacles, ou de deux forces opposées, qui dans l'action tendent en sens contraire à produire l'évènement. *Voy*. INTRIGUE, par Marmontel.

— *Exposition*. Énoncé du sujet et de l'état des choses avant que l'action commence. *Voy*. EXPOSITION, par Marmontel.

— *Narration*. Ses objets sont d'instruire, de persuader, d'émouvoir, soit d'étonnement, soit de crainte, soit de compassion. De là toutes ses règles. *Voy*. NARRATION, par Marmontel.

— *Description*. Elle est à l'épopée ce que la décoration et la pantomime sont à la tragédie. *Voy*. DESCRIPTION, par Marmontel.

— *Définition*. En poésie, définir c'est peindre. *Voy*. DÉFINITION, par Marmontel.

— *Esquisse*. En poésie, peindre c'est esquisser. *Voy*. ESQUISSE, par Marmontel.

— *Situation*. Dans le pathétique, état des choses, dans lequel, en supposant même les acteurs muets, on serait ému de leur péril ou de leur peine. *Voy*. SITUATION, par Marmontel.

— *Révolution.* Changement de fortune dans les deux sens. *Voy.* révolution, par Marmontel.

— *Dénouement.* Évènement qui termine l'action. *Voy.* dénouement, par Marmontel.

— *Achèvement.* Solution des doutes que peut laisser le dénouement. *Voy.* achèvement, par Marmontel.

— *Moralité.* Impression salutaire qu'un poème laisse dans l'âme. *Voy.* moralité, par Marmontel.

TRAGÉDIE.

Ses deux genres, l'ancien et le moderne : l'un ayant son mobile au dehors, l'autre au dedans de l'action, et dans les ressorts du cœur humain. *Voy.* tragédie, par Marmontel; et les articles eschyle, sophocle, euripide, sénèque dit le tragique, schakspeare, corneille, racine, crébillon, voltaire, ducis, m.-j. chénier, schiller, goethe, etc.

— *Action.* Intéressante, progressive, de plus en plus vive et pressée, et incertaine jusqu'à la fin. *Voy.* action, par Marmontel.

— *Exposition.* En action. Elle doit réunir les trois convenances du lieu, du temps et des personnes. *Voy.* exposition, par Marmontel.

— *Intrigue.* Combinaison de circonstances et d'incidents d'où résulte l'incertitude, la curiosité, l'inquiétude, l'espérance et la crainte. *Voy.* intrigue, par Marmontel.

— *Situation.* *Voy.* cet article, par Marmontel.

— *Acte.* Un degré, un pas de l'action. Chaque acte doit être marqué par une situation nouvelle. *Voy.* acte, par Marmontel.

— *Entr'acte.* L'un des plus précieux avantages du théâtre moderne. *Voy.* ENTR'ACTE, par Marmontel.

— *Dialogue.* Il doit cheminer comme l'action. Quatre formes de scène par rapport au dialogue. *Voy.* DIALOGUE, par Marmontel.

— *Mœurs.* De violentes passions et de grands caractères, diversement combinés ensemble, forment les mœurs de la tragédie. Passions moins violentes dans l'épopée. *Voy.* MŒURS, par Marmontel.

— *Intérêt.* La vérité dont notre âme est émue, comme elle se plaît à l'être, est celle qu'il faut imiter. *Voy.* INTÉRÊT, par Marmontel.

— *Unités* d'action, d'intérêt, de temps, de lieu ; en quoi elles consistent. *Voy.* UNITÉS par Marmontel.

— *Éloquence poétique.* L'éloquence des passions est l'âme de la tragédie. *Voy.* ces mots, par Marmontel.

— *Dénouement.* La fortune du personnage intéressant est comme un vaisseau battu par la tempête. Il arrive au port, où il fait naufrage. Voilà le dénouement. *Voy.* DÉNOUEMENT, par Marmontel.

— *Catastrophe.* Funeste aux bons ou aux méchants. Laquelle est préférable. *Voy.* ce mot, par Marmontel.

— *Déclamation théâtrale.* Ce qu'elle a été et ce qu'elle doit être. *Voy.* ces mots, par Marmontel.

— *Décoration.* Anciens vices de nos théâtres du côté des décorations. Changements arrivés depuis. *Voy.* DÉCORATIONS, par Marmontel.

— *Chœur.* Tantôt bien, tantôt mal employé dans la tragédie grecque ; banni de la nôtre ; pourquoi? *Voy.* CHOEUR, par Marmontel.

— *Drame.* Tragédie populaire. Il peut avoir sa bonté morale et poétique ; mais quand et comment. *Voy.* DRAME, par Marmontel.

— *Pantomime.* Spectacle attrayant et pernicieux pour le goût. *Voy.* PANTOMIME, par Marmontel.

— *Parodie.* Genre facile, méprisable et nuisible. *Voy.* PARODIE, par Marmontel.

COMÉDIE.

Le prestige de l'art est d'y cacher l'art. Histoire de la comédie ancienne et moderne; ses divers caractères, selon les mœurs des diverses nations. *Voy.* les articles COMÉDIE, par Marmontel, La Harpe, Étienne, et les principaux poètes comiques : ARISTOPHANE, MÉNANDRE, PLAUTE, TÉRENCE, CALDERON, LOPEZ DE VEGA, MOLIÈRE, REGNARD, DESTOUCHES, COLLIN D'HARLEVILLE, PICARD, DUVAL, ÉTIENNE, ANDRIEUX, DELAVIGNE, etc.

— *Comique* de caractère, de situation, d'intrigue. Noble, bourgeois, bas, villageois. *Voy.* COMIQUE, par Marmontel.

— *Plaisant.* En quoi il diffère du comique. Quelle est dans la nature la cause de l'impression qu'il fait sur nous. La sottise est comique; la bêtise est plaisante. *Voy.* PLAISANT, par Marmontel.

— *Prologue.* Exposé de l'action directement adressé au public. En usage chez les Anciens. Rebuté des Modernes, et avec raison. *Voy.* PROLOGUE, par Marmontel.

— *Intrigue.* Tout doit s'y passer comme dans le cours de la vie commune. *Voy.* INTRIGUE, par Marmontel.

— *Situation.* État des choses qui ferait rire quand les personnages seraient muets. *Voy.* SITUATION, par Marmontel.

— *Dialogue.* Très naturel chez les Anciens. Gâté chez les Modernes par le faux bel-esprit. Excellent dans Molière. *Voy.* DIALOGUE, par Marmontel.

— *Mœurs.* C'est de la vérité des mœurs que le comique tire sa force; et c'est de leur étude assidue et approfondie que le poète doit se nourrir. *Voy*. MOEURS, par Marmontel.

— *Moralistes. Voy*. CONFUCIUS, THÉOPHRASTE, SÉNÈQUE, ÉPICTÈTE, MONTAIGNE, CHARRON, PASCAL, LA BRUYÈRE, LA ROCHEFOUCAULD, DUCLOS, VAUVENARGUES, etc.

— *Portraits*. Rien de plus commun dans nos comédies, et bien souvent rien de plus froid. C'est l'action qui doit peindre. *Voy*. PORTRAITS, par Marmontel.

— *Dénouement*. Son mérite éminent est d'achever le tableau par un coup de force qui rende encore plus ridicule le personnage qu'on a joué. *Voy*. DÉNOUEMENT, par Marmontel.

— *Farce*. La honte du théâtre. Le comique de la populace. *Voy*. FARCE, par Marmontel.

— *Sotise* ou *Sotie*. Première ébauche de la comédie sur notre théâtre. *Voy*. SOTISE, par Marmontel.

— *Arlequin*. Exemple des singularités de caractère d'où les Italiens ont tiré leur comique. *Voy*. ARLEQUIN, par Marmontel.

— *Parterre*. Assis ou debout. Inconvénients et avantages de l'un et de l'autre. *V*. PARTERRE, par Marmont.

— *Cabale*. Espèce de ligue pour ou contre l'auteur de la pièce qu'on donne au théâtre. On peut juger des lumières d'un siècle par le plus ou moins d'ascendant qu'elle a sur l'opinion publique. *V*. CABALE, par Marm.

LYRIQUE.

Poésie réellement chantée chez les Grecs et du temps de nos anciens bardes, mais fictivement chez les Romains, ainsi que parmi nous. *Voy*. LYRIQUE, par Marmontel, et les principaux poètes lyriques : PINDARE, SAPHO, ANACRÉON, HORACE, MALHERBE, J. RACINE, L. RACINE,

J.-B. ROUSSEAU, LA MOTTE, LE FRANC DE POMPIGNAN, LE BRUN, LAMARTINE, etc.

— *Ode.* Ancienne. Moderne. L'enthousiasme est son caractère, mais le délire même doit être réglé. *Voy.* ODE, par Marmontel.

— *Strophe.* Diverses formes de la strophe ancienne. *Voy.* STROPHE, par Marmontel.

— *Stance.* Diverses formes de la stance française. *Voy.* STANCE, par Marmontel.

— *Hymne.* Quel devrait être son caractère : l'onction ou la sublimité. *Voy.* HYMNE, par Marmontel.

— *Cantique.* Ceux de Moïse, modèle du sublime. Celui de David sur la mort de Jonathas, modèle du style touchant. Extrait de celui de Salomon. *Voy.* CANTIQUE, par Marmontel.

— *Dithyrambe.* Consacré dans la Grèce au culte de Bacchus. Dédaigné par les Romains, étranger pour nous, sans objet et sans vraisemblance. *Voy.* DITHYRAMBE, par Marmontel.

— *Anacréontique.* La grace en est le caractère. Tout y respire l'enjouement ou la volupté. Il est naturel aux Français comme aux Grecs. *Voy.* ce mot, par Marm.

— *Chanson.* L'amour, le vin, la galanterie, la gaieté nous ont donné une foule de chansons agréables. *Voy.* CHANSONS, par Marmontel et les chansons citées.

— *Brunette.* Chanson amoureuse d'un caractère simple et communément villageois. *V.* BRUNETTE, par Marm.

OPÉRA.

Ses deux genres, l'un pris dans la simple nature comme la tragédie, l'autre pris dans l'un des systèmes du merveilleux. Leurs avantages réciproques et le moyen de les concilier. *Voy.* OPÉRA, par Marmontel et La

Harpe, et les articles QUINAULT, LA MOTTE, MARMONTEL, DUCHÉ DE VANCY, LE FRANC DE POMPIGNAN, JOUY, etc.

— *Chant.* Tous les arts demandent des licences, à condition de donner des plaisirs. La poésie demande à parler en vers, la musique à parler en chant. A quelles conditions lui est accordée cette licence. *Voy.* CHANT, par Marmontel.

— *Récitatif.* La partie de la scène lyrique dont le chant doit le plus approcher de la simple déclamation. *Voy.* RÉCITATIF, par Marmontel.

— *Air.* La partie de la scène lyrique dont le chant doit avoir le plus de mélodie. L'air est une période musicale qui a son dessin, sa symétrie, son ensemble, son unité. C'est au poète à le dessiner. *Voy.* AIR, par Marmontel.

— *Ariette.* Air léger et brillant. *Voy.* ARIETTE, par Marmontel.

— *Duo.* C'est un dialogue concis et rapide, où les deux voix se réunissent par intervalle, et qui est susceptible d'un chant régulièrement dessiné. La nature en marque la place, en indique la forme, et en donne le caractère. *Voy.* DUO, par Marmontel.

— *Chœur d'Opéra.* Sa forme n'est jamais plus naturelle ni plus favorable à la musique que lorsqu'elle est la même que celle du duo. *Voy.* ces mots, par Marm.

— *Prologue d'Opéra.* Inventé par la flatterie. Quinault sut l'ennoblir. *Voy.* cet article, par Marmontel.

— *Canevas.* Vers que le poète ajuste quelquefois à un chant donné, pour complaire au musicien. *Voyez* CANEVAS, par Marmontel.

— *Concert spirituel.* Spectacle très éloigné de la perfection dont il est susceptible. Moyens qu'il aurait d'en approcher. *Voy.* CONCERT SPIRITUEL, par Marmontel.

DIDACTIQUE.

Le but du poème didactique est d'instruire. Son moyen est de plaire, et, s'il le peut, d'intéresser. *Voy.* DIDACTIQUE, par Marmontel. *Voy.* aussi les principaux poètes didactiques : HÉSIODE, ARATUS, OPPIEN, LUCRÈCE, VIRGILE, MANILIUS, BOILEAU, POPE, LEMIERRE, ROSSET, ROUCHER, SAINT-LAMBERT, DELILLE, FONTANES, CHÊNEDOLLÉ, BERCHOUX, etc.

— *Descriptif.* Décrire pour décrire, sans objet, sans dessein ; genre moderne, mauvais genre. Il faut l'associer à l'épique ou au didactique. *Voyez* DESCRIPTIF, par Marmontel.

— *Épître.* Elle prend le ton de son sujet, et s'élève ou s'abaisse selon les convenances. *Voy.* ÉPÎTRE, par Marmontel. *Voy.* aussi les art. HORACE, BOILEAU, POPE, J.-B. ROUSSEAU, CHAULIEU, LA FARE, VOLTAIRE, DUCIS, etc.

— *Épître dédicatoire.* Elle a usé toutes les formules d'adulation, il ne lui reste plus qu'à être noble et simple. *Voy.* ÉPÎTRE DÉDICATOIRE, par Marmontel.

— *Satire.* En discours ou en action, et l'une et l'autre personnelle ou générale. Celle-ci innocente et permise, celle-là odieuse et souvent criminelle. *Voy.* SATIRE, par Marmontel, et les articles : PERSE, HORACE, JUVÉNAL, REGNIER, BOILEAU, GILBERT, etc.

— *Conte.* Il est en petit à la comédie ce que le poème épique est à la tragédie ; alors il a le nœud et le dénouement d'une action comique. Mais ce n'est souvent que le récit très simple d'un fait ou d'une circonstance qui a donné lieu à un mot plaisant *Voy.* CONTE, par Marmontel, et les articles BOCCACE, ARIOSTE, LA FONTAINE, DU CERCEAU, VOLTAIRE, GRESSET, ANDRIEUX, etc.

— *Dialogue* philosophique et sophistique. Bon usage et abus de l'esprit. *Voy.* DIALOGUE, par Marmontel.

ÉGLOGUE.

Imitation des mœurs champêtres dans leur plus agréable simplicité. *Voy.* ÉGLOGUE, par Marmontel, et les principaux poètes bucoliques : THÉOCRITE, BION ET MOSCHUS, VIRGILE, RACAN, SEGRAIS, FONTENELLE, GESSNER, BERQUIN, FLORIAN, LÉONARD, etc.

— *Bergerie.* Genre trop faible et trop froid pour soutenir l'action théâtrale. Racan l'a dénaturée et n'en a rien fait d'intéressant. *Voy.* BERGERIE, par Marmontel.

ÉLÉGIE.

Elle a trois caractères : le passionné, le tendre et le gracieux. *Voy.* ÉLÉGIE, par Marmontel.

— *Élégiaque.* Vers élégiaques. *Voy.* ce mot et les poètes élégiaques : OVIDE, CATULLE, TIBULLE, PROPERCE, A. CHÉNIER, MILLEVOYE.

ALLÉGORIE.

L'apologue enveloppe la vérité qu'il enseigne. L'allégorie la fait sentir à chaque trait par la justesse de ses rapports. Elle est transparente comme l'image. *Voy.* ALLÉGORIE, par Marmontel.

— *Allégorique.* Dans leur origine presque toutes les divinités de la fable ont été allégoriques. Mais celles qui dans la croyance ont eu une existence idéale, sont mises, dans l'ordre du merveilleux, au nombre des réalités. *Voy.* ALLÉGORIQUE, par Marmontel.

— *Fable, Apologue.* Son artifice consiste à déguiser la sagesse sous un air de naïveté. C'est le secret de La Fontaine, et que La Motte n'a pas connu. *Voy.* FABLE, par Marmontel, et les art. ÉSOPE, BABRIAS, PHÈDRE, PIL-

PAY, LA FONTAINE, LA MOTTE, FLORIAN, GAY, YRIARTE, LEBAILLY, DUTREMBLAY, ARNAULT, etc.

— *Énigme.* Le jeu de l'énigme consiste à proposer, dans une certaine obscurité, un nombre de rapports d'idées à démêler et à saisir. *V.* ÉNIGME, par Marmontel.

— *Emblème.* Petit tableau qui exprime allégoriquement une pensée. *Voy.* EMBLÈME, par Marmontel.

— *Symbole.* Signe relatif à l'objet dont on veut réveiller l'idée : relation tantôt réelle, tantôt fictive, et de convention. *Voy.* SYMBOLE, par Marmontel.

— *Devise.* Trait de caractère exprimé en peu de mots, quelquefois seuls, souvent accompagnés d'une figure symbolique. *Voy.* DEVISE, par Marmontel.

ÉPIGRAMME.

Elle a, comme les grands poèmes, une espèce de nœud et une espèce de dénouement, et, comme eux, elle se dénoue tantôt par une suite naturelle de la pensée, tantôt par une révolution inattendue dans le sens. *Voy.* ÉPIGRAMME, par Marmontel et Voltaire, et les art. MARTIAL, J. RACINE, BOILEAU, J.-B. ROUSSEAU, LE BRUN, M.-J. CHÉNIER, etc., etc.

— *Épitaphe.* Inscription sur la tombe des morts. C'est communément un trait de louange ou de morale, ou de l'un et de l'autre. *Voy.* ÉPITAPHE, par Marmontel.

— *Bouquet.* Petite pièce de vers adressée à une personne le jour de sa fête. La délicatesse ou la gaieté en est le caractère. La fadeur en est le défaut. *Voy.* BOUQUET, par Marmontel.

— *Ballade.* Petit poème régulier composé de trois couplets et d'un envoi. Elle a passé de mode, ainsi que le rondeau, le virelai, le sonnet, etc., et c'est dommage. *Voy.* BALLADE, par Marmontel.

— *Sonnet.* Petit poème régulier qui a passé de mode. *Voy.* SONNET, par La Harpe.

ÉLOQUENCE.

La faculté d'agir sur les esprits et sur les âmes par le moyen de la parole : sur les esprits, c'est le talent d'instruire ; sur les âmes, c'est le talent d'intéresser et d'émouvoir ; pour l'un et l'autre, résistance à vaincre. De là ses règles pour l'emploi de ses forces et l'usage de ses moyens. *Voy.* ÉLOQUENCE, par Marmontel et Voltaire.

—*Rhétorique.* Théorie de l'art de persuader, dont l'éloquence est la pratique. L'éloquence s'enseigne-t-elle ? et par quelle méthode se doit-elle enseigner ? *Voy.* RHÉTORIQUE, par Marmontel.

—*Déclamation rhétorique.* Ces mots expriment une fausse éloquence : chez les Grecs, c'était l'art des sophistes. A Rome, la déclamation était l'apprentissage des orateurs. Elle avait son utilité. Parmi nous cette éloquence oiseuse s'est introduite jusque dans la poésie. *Voy.* DÉCLAMATION RHÉTORIQUE, par Marmontel.

— *Déclamation oratoire.* On appelle ainsi l'action de l'orateur et son expression dans les traits du visage, dans le geste et dans la voix. *Voy.* DÉCLAMATION ORATOIRE, par Marmontel.

— *Délibératif.* L'un des trois genres d'éloquence que les rhéteurs ont distingués, celui où il s'agit de faire prendre à un peuple une résolution ou de le détourner de celle qu'il a prise. *Voy.* DÉLIBÉRATIF, par Marmontel.

— *Démonstratif.* Genre d'éloquence qui a pour objet la louange ou le blâme. *Voy.* DÉMONSTRATIF, par Marmontel.

— *Judiciaire.* Genre d'éloquence où le juste et l'injuste sont discutés contradictoirement devant un tribunal qui doit en décider. *Voy.* JUDICIAIRE, par Marmontel.

— *Barreau.* Quel est le genre de l'éloquence qui lui convient. Lui est-il permis d'être pathétique? Lui est-il permis d'employer toute espèce de moyens. *Voy.* BARREAU, par Marmontel et La Harpe, et les articles DÉMOSTHÈNE, CICÉRON, LE MAISTRE, PATRU, D'AGUESSEAU, COCHIN, etc., etc.

— *Chaire.* Éloquence de la chaire. Éloquence morale. La religion lui a élevé, non pas une tribune, mais un trône. Idée du ministère qu'elle y exerce. Son objet, ses moyens, ses divers caractères. *Voy.* CHAIRE, par Marmontel, et les articles BOURDALOUE, BOSSUET, FLÉCHIER, LEJEUNE, LA COLOMBIÈRE, MASSILLON, POULLE, SEGAUD, NEUVILLE, LENFANT, BOISMONT, BEAUVAIS, etc.

— *Oraison funèbre.* Ce qu'elle fut chez les Anciens, ce qu'elle est parmi nous, ce qu'elle devrait être. *Voy.* ORAISON FUNÈBRE, par Marmontel.

— *Harangue.* Les meilleures sont celles que le cœur a dictées. C'est à lui seul qu'il est réservé d'être éloquent en peu de mots. *Voy.* HARANGUE, par Marmontel.

— *Orateur.* Pour s'en former une idée complète, il faut considérer ses mœurs, ses talents, ses lumières. *Voy.* ORATEUR, par Marmontel.

— *Question.* Objet de doute, sujet de la discussion, de la contestation oratoire. État de la question générale ou particulière. *Voy.* QUESTION, par Marmontel.

— *Invention oratoire.* Les rhéteurs en ont fait le grand objet de leurs leçons; et, dans ce qu'ils ont appelé *loca*, ils ont indiqué tous les moyens communs de l'éloquence. Mais sa source la plus féconde, c'est le sujet même, la cause, la question qu'elle doit agiter. *Voy.* INVENTION ORATOIRE, par Marmontel.

— *Division.* Si dans son sujet l'orateur est obligé d'en chercher une, c'est un signe infaillible qu'il n'en a pas besoin. *Voy.* DIVISION, par Marmontel.

— *Narration oratoire.* Trois qualités lui sont essentielles, la brièveté, la clarté et la vraisemblance. *Voy.* NARRATION ORATOIRE, par Marmontel.

— *Amplification.* Manière de s'exprimer qui agrandit les objets ou qui les diminue. Amplifier, ce n'est pas donner aux choses une grandeur fictive, mais toute leur grandeur réelle, et, dans ce sens-là, c'est un des grands moyens de la poésie et de l'éloquence. Travail qui passe les forces d'un écolier. *Voy.* AMPLIFICATION, par Marmontel.

— *Chrie.* Sorte d'amplification que l'on donne à composer dans les collèges. C'est le chef-d'œuvre de la pédanterie. *Voy.* CHRIE, par Marmontel.

— *Exorde.* Se rendre l'auditeur favorable, attentif, docile, est spécialement l'office de l'exorde. *Voy.* EXORDE, par Marmontel.

— *Preuve.* Dans un discours qui tend à persuader ou à dissuader l'auditeur, la preuve est l'emploi des moyens propres à opérer l'effet qu'on se propose. *Voy.* PREUVE, par Marmontel.

— *Péroraison.* Lorsqu'il s'agit d'intéresser et d'émouvoir, la péroraison est une partie essentielle du discours : c'est là que se déploient les grands ressorts de l'éloquence. *Voy.* PÉRORAISON, par Marmontel.

— *Insinuation.* Tour d'éloquence pour amener l'auditeur insensiblement à son but. *Voy.* INSINUATION, par Marmontel.

— *Définition.* C'est un champ vaste pour l'éloquence. Ce que c'est que définir en orateur. *Voy.* DÉFINITION, par Marmontel.

— *Description oratoire.* Elle ne se borne pas à caractériser son objet; elle en présente le tableau dans ses détails les plus intéressants, avec les couleurs les plus vives. *Voy.* DESCRIPTION ORATOIRE, par Marmontel.

— *Portrait.* Différence du portrait oratoire et de l'historique. *Voy.* PORTRAIT, par Marmontel.

— *Pathétique. Voy.* ce mot, par Marmontel.

— *Mouvements du style. V.* ces mots, par Marmontel.

HISTOIRE.

Sa naissance, ses progrès, son objet, ses divers caractères, les vices qu'elle a contractés, les divers styles dont elle est susceptible. *Voy.* HISTOIRE, par Marmontel et La Harpe; et les articles HÉRODOTE, THUCYDIDE, XÉNOPHON, PLUTARQUE, POLYBE, CÉSAR, SALLUSTE, TITE-LIVE, TACITE, DE THOU, COMINES, DANIEL, MEZERAY, ROLLIN, LEBEAU, CRÉVIER, MONTESQUIEU, VERTOT, SAINT-RÉAL, VOLTAIRE, etc.

— *Mémoires.* Peu de gens ont droit de faire un livre de leurs mémoires. Différence de ce genre d'écrire avec celui de l'histoire. Exemples bons et mauvais dans ce genre. *Voy.* MÉMOIRES, par Marmontel.

— *Direct.* On appelle ainsi le langage que l'historien fait tenir aux personnes qu'il met en scène. Cette manière d'animer le récit a plus de vérité qu'on ne pense. *Voy.* DIRECT, par Marmontel.

— *Harangue historique.* On donne ce nom au langage direct dont je viens de parler. Rien de plus fréquent dans l'histoire ancienne. Dans quel cas la harangue est préférable au résumé indirect, et réciproquement. *Voy.* HARANGUE HISTORIQUE, par Marmontel.

— *Portrait.* L'histoire est, de tous les genres, celui auquel cette manière de rassembler les traits d'un caractère et de les dessiner avec précision est la plus familière. Mais l'excès en est vicieux. Quels portraits sont intéressants, quels inutiles et importuns. *Voy.* PORTRAIT, par Marmontel.

— *Roman. Voy.* l'art. ROMAN, par La Harpe; *voy.* aussi l'*Histoire et la Théorie du roman*, par M. Patin, et les art. LONGUS, HÉSIODORE, RICHARDSON, FIELDING, LE SAGE, PREVOST, J.-J. ROUSSEAU, VOLTAIRE, GENLIS, STAEL, COTTIN, SOUZA, WALTER-SCOTT, etc.

LITTÉRATURE.

En quoi la littérature diffère de l'érudition. *Voy.* LITTÉRATURE, par Marmontel.

— *Goût. Voy.* l'*Essai sur le Goût*, par Marmontel.

— *Critique.* On appelle ainsi ce genre d'étude à laquelle nous devons la restitution de la littérature ancienne. Plus familièrement on appelle critique un examen éclairé et un jugement équitable des productions de l'esprit humain. Critique dans les sciences, critique dans les beaux-arts, critique dans les lettres. *Voy.* CRITIQUE, par Marmontel; et les auteurs qui ont excellé en ce genre: ARISTOTE, CICÉRON, QUINTILIEN, DENYS D'HALICARNASSE, FÉNELON, ROLLIN, VOLTAIRE, LA HARPE, MARMONTEL, BLAIR, LESSING, SCHLEGEL, STAEL, VILLEMAIN, etc.

— *Extrait.* Celui d'un ouvrage philosophique n'exige, pour être fidèle, que de la netteté et de la justesse d'esprit. Celui d'un ouvrage d'agrément, s'il n'est que froidement exact, n'en donnera qu'une fausse idée. Office et devoir d'un journaliste. *Voy.* EXTRAIT, par Marmontel.

— *Anciens.* Résumé de la dispute sur les Anciens et sur les Modernes. Torts réciproques des deux partis. Moyens de les concilier. *Voy.* cet article par Fénelon, Marmontel et Voltaire.

— *Arts libéraux.* Il leur a fallu des récompenses analogues à leur génie et dignes de l'encourager. Les uns s'adressent plus directement à l'âme, les autres plus particulièrement aux sens. *Voy.* ARTS LIBÉRAUX, par Marmontel.

— *Règles.* Le génie n'en doit pas être esclave, mais il ne doit pas les mépriser. La plupart de celles qu'on a données aux lettres et aux arts, sont de bons conseils et de mauvais préceptes. *Voy.* RÈGLES, par Marmontel.

— *École.* Pépinière d'hommes que l'on cultive pour les besoins ou les agréments de la société. De là tous les principes de l'institution, de la distribution, de la direction des écoles. *Voy.* ÉCOLE, par Marmontel.

— *Amateur.* Ses deux caractères : goût sincère et bienfaisant dans l'un, vanité importune et nuisible dans l'autre.

— *Imitation.* Qu'est-ce qu'imiter un écrivain? Est-ce le copier servilement? Non : c'est apprendre de lui le secret de son art, se pénétrer de son génie, et faire comme il aurait fait. L'exemple est une sorte d'inspiration que tout homme n'est pas en état de recevoir. Le premier soin doit être, avant d'imiter, de choisir un digne modèle. *Voy.* IMITATION, par Marmontel.

— *Plagiat.* Espèce de crime littéraire qu'on fait aux gens de lettres, lorsqu'ils emploient l'idée ou la pensée d'un autre. Ridicule de l'importance que l'on attache à ce larcin. Les grands écrivains, en pareil cas, ont pour eux non-seulement le droit du plus fort, le droit de conquête, mais encore le droit naturel et l'intérêt public. *Voy.* PLAGIAT, par Marmontel.

— *Pastiche.* Badinage littéraire où l'on prend la manière d'un écrivain. Les défauts sont toujours aisés à contrefaire. C'est le génie et le beau naturel qu'il n'est pas aisé d'imiter. *Voy.* PASTICHE, par Marmontel.

FIN DE LA TABLE MÉTHODIQUE.

SUPPLÉMENT
AU
RÉPERTOIRE
DE LA LITTÉRATURE,
ET TABLE ALPHABÉTIQUE DES MATIÈRES.

A

ABAILARD. Notice par H. Lemonnier, tome I, page 1. — Cité par La Harpe, XVII, 441.

ABAUZIT. Notice, I, 5. — Jugement par J.-J. Rousseau, 6.

ABBADIE. Notice, I, 7. — Jugements, par madame de Sévigné, 9; par Bussy-Rabutin, *ibid*;. par d'Aguesseau, *ibid*.; par Palissot, 11; par Chateaubriand, *ibid*. — Morceaux choisis, 12.

ABLANCOURT (d'). Notice, I, 16. — Jugements, par Palissot, 18; par Marmontel, XXVIII, 46.

ABONDANCE, par Marmontel, I, 18.

ACCENT, par Marmontel, I, 34.

ACCIUS. Notice, I, 41. — Cité par La Harpe, XXVI, 169.

ACHÈVEMENT, par Marmontel, I, 43.

ACTE, par Marmontel, I, 46.

ACTION, par Marmontel, I, 52.

ADAM-BILLEAU. Notice, I, 75. — Jugement par Voltaire, 77.

SUPPLÉMENT

ADDISON. Notice par H. Lemonnier, I, 77.—Son portrait par Samuel Johnson, 81. —Jugements, par Voltaire, 84; par Blair, 86; par Suard, 87. —Morceaux choisis, 90; passage de sa tragédie de *Caton*, imité de Massillon, XIX, 49.

AFFECTATION, par Marmontel, I, 115.

AFRANIUS. Notice par Rollin, I, 123.

AGATHIAS. Notice, I, 123. — Cité par La Harpe, XVIII, 424.

AGUESSEAU (d'). Notice, I, 125.—Jugements, par Thomas, 128; par Voltaire, 129; par Palissot, 130; par La Harpe, *ibid*; par Chénier, 131; par Villemain, *ibid*. — Morceaux choisis, 133. — *Voyez* dans le *Répertoire* ses jugements sur Abbadie, Arnaud, Balzac, Bourdaloue, Horace et autres.

AIGNAN (Étienne), né à Beaugency sur Loire en 1773, d'une famille de robe très estimée, remplaça, en 1814, Bernardin de Saint-Pierre à l'Académie-Française. On a de lui : *La Mort de Louis* XVI, 1793; *Brunehaut*, et *Arthur de Bretagne*, tragédies; *Chant Funèbre aux neuf victimes d'Orléans*; les traductions en vers français de l'*Iliade*; de l'*Essai sur la Critique*, de Pope. Il est encore auteur de deux opéra, l'un intitulé *Clisson*, l'autre *Nepthalie*, mentionnés honorablement par l'Institut en 1810. Il achevait une traduction en vers de l'*Odyssée* lorsqu'il mourut en 1814.

AIKIN. Notice I, 146.

AIMÉ-MARTIN, professeur de belles-lettres à l'école polytechnique, est auteur des *Lettres à Sophie sur la Physique, la Chimie et l'Histoire naturelle*, qui ont eu plusieurs éditions. Il a publié les *OEuvres complètes de Racine* et de *Molière, avec les notes de tous les commen-*

tateurs. — Cité, XIX, 296, et **XXIII**, à la fin de l'article RACINE.

AIR, par Marmontel, I, 148.

AKENSIDE. Notice, I, 163. — Morceaux choisis, 165.

ALAMANNI. Notice, I, 173. — Jugement par Ginguené, 175; par le même, avec un morceau choisi, *ibid.*

ALCÉE. Notice, I, 179. — Jugement par Barthelemy, 180. — Cité par Marmontel, XVIII, 183.

ALCIBIADE, orateur grec. — Ce qu'en pensait Cicéron, X, 309.

ALCORAN, I, 181. — Jugement par Voltaire, 184.

ALEMBERT (D'). Notice par de Brotone, I, 185. — Jugements, par Condorcet, 189; par Palissot, 190; par Chénier, 191; par Dussault, *ibid*; par de Barante, 192; par Feller, *ibid*; par La Harpe, avec des morceaux choisis, 197, et à l'article ENCYCLOPÉDIE, XII, 281. — *Voy.* dans le *Répertoire* ses notices sur Bossuet, Crébillon père, Fléchier, Massillon, et ses jugements sur Boissy, Fleury.

ALEXANDRIN, par Marmontel, I, 215.

ALFIERI. Notice par H. Lemonnier, I, 218. — Jugements, par Schlegel, 222; par Ginguené, 226; par madame de Staël, 227; par Petitot, 229; par Buttura, 232. — Morceaux choisis, *ibid.*

ALLAINVAL. Notice, I, 239. — Jugement par Palissot, 241.

ALLÉGORIE, par Marmontel, I, 241.

ALLÉGORIQUE, par Marmontel, I, 249.

ALLUSION, par Marmontel, I, 251.

ALONZO. Notice, I, 257. — Jugements, par Voltaire, 259; par Gilbert de Merlhiac, 265.

AMAR (JEAN-AUGUSTIN), l'un des conservateurs de

la Bibliothèque Mazarine, ex-professeur émérite en l'Université royale de France, est né à Paris en 1765. Il a publié, entre autres ouvrages : *l'Anarchie vaincue et le Culte rétabli*, poème, dédié à S. S. Pie VII, Lyon, 1801 ; *Cours complet de Rhétorique*, Paris, 1804, 1811, 1824; *la Pharsale* de Lucain, avec la traduction de Marmontel, revue et augmentée de tous les passages omis, Paris, 1816; *OEuvres complètes de J.-B. Rousseau, avec un Commentaire*, Paris, 1820, 1824; *OEuvres complètes de Boileau Despréaux, avec un Nouveau Commentaire*, Paris, 1821, 1824. M. Amar est auteur de plusieurs ouvrages dramatiques reçus au Théâtre-Français, mais qu'il n'a fait ni représenter, ni imprimer. Il rédige depuis plus de vingt ans, dans le *Moniteur*, les articles de littérature. Il a fourni à notre *Répertoire* les notices sur Boileau, Catulle, Delille, Gilbert, et les jugements sur Anacréon et Lucrèce.

AMATEUR, par Marmontel, I, 267.

AMBROISE (saint). Notice par W., I, 273. — Jugements, par Érasme, 278; par Fénelon, 279; par Chateaubriand, 280; par Villemain, 281; par La Harpe, XVII, 440.

AMELOT DE LA HOUSSAYE. Notice, I, 286. — Cité par La Harpe, XVII, 452.

AMÉNITÉ, par Marmontel, I, 288.

AMMIEN-MARCELLIN. Notice, I, 289. — Jugements, par Rollin, 291 ; par La Harpe, 292. — Morceau choisi, *ibid*.

AMPHION, chantait réellement ses poésies, XVIII, 183.

AMPLIFICATION, par Marmontel, I, 296.

AMPOULÉ, par Marmontel, I, 326.

AMYOT. Notice par Auger, I, 332. — Jugements, par Vaugelas, 337 ; par Palissot, *ibid.*; par François de Neufchâteau, accompagné de plusieurs morceaux, 338. — Apprécié par Marmontel, XXVIII, 149, 153.

ANACRÉON. Notice par Amar, I, 348. — Jugements, par Rollin, 350 ; par Batteux, *ibid*; par Marmontel, *ibid.*; par La Harpe, 351 ; par Gail, 353 ; par Amar, 354 ; par Manso, *ibid.* — Morceaux choisis, 356.

ANACRÉONTIQUE, par Marmontel, I, 362.

ANALOGIE du style, par Marmontel, I, 368.

ANAPESTE, par Marmontel, I, 377.

ANAXAGORE, philosophe grec, né à Clazomène vers l'an 500, m. à Lampsaque vers l'an 420 av. J.-C., s'acquit une grande réputation à Athènes, où il professa, et compta Périclès au nombre de ses élèves. — Cité par La Harpe à l'article PLATON.

ANAXARQUE, philosophe d'Abdères, de la secte éléatique, fut chargé par Alexandre de revoir les poèmes d'Homère. — Cité par La Harpe, XV, 312.

ANCEAU (JOSEPH), ancien élève de l'école normale et professeur au collège royal de St.-Louis, naquit à La Nocle, département de la Nièvre, le 6 octobre 1794. Ce littérateur estimable, enlevé aux lettres il y a quelques années, a laissé, en mourant, un grand nombre de fragments des poètes tragiques grecs, traduits en vers français. Nous en avons inséré plusieurs aux articles EURIPIDE et SOPHOCLE.

ANCELOT. Notice, I, 378. — Morceaux choisis, 379.

ANCIENS ET MODERNES, par Fénelon, I, 386 ; par Marmontel, 389 ; par Voltaire, 401.

ANDOCIDE, orateur grec, né à Athènes vers l'an 468.

avant J.-C. — Il nous reste de lui quatre *Dicours*, qui ont été traduits par Auger, dans son *Recueil des Orateurs athéniens*, Paris, 1792, in-8. — Cité par La Harpe, X, 308.

ANDRÉ (Yves-Marie). Notice, I, 413.

ANDRÉ (le petit père). Notice, I, 414.

ANDRIEUX. Notice, I, 415. — Jugements, par La Harpe, 418; par Palissot, 419; par Chénier, 420. — Morceaux choisis, 421. — A donné, dans le *Répertoire*, les notices sur Budée, Collin-d'Harleville, Rollin.

ANGE-POLITIEN. *Voy.* politien.

ANQUETIL. Notice, I, 430. — Jugements, par La Harpe, 433; par Chénier, 434.

ANSEAUME. Notice, I, 435. — Jugement, par La Harpe, *ibid.*

ANTIPHON, orateur grec, né à Athènes, mourut vers l'an 411 avant J.-C. Nous avons de lui seize *Discours*, qu'on trouve dans la *Collection des Auteurs grecs*, de Reiske. — Cité par La Harpe, X, 308.

ANTITHÈSE, par Marmontel, I, 436.

ANTOINE. Notice, I, 440.

APOLLONIUS. Notice, I, 442. — Jugements, par La Harpe, 444; par de Fontanes, 445. — Cité par Marmontel, XV, 465.

APOLOGUE, par Batteux, I, 446. — *Voy.* fable.

APOSTOLO-ZÉNO. *Voy.* zéno.

APOSTROPHE, par Marmontel, I, 459.

APPIEN. Notice, I, 463. — Jugements, par Rollin, 464; par Michaud, 465.

APPLICATION, par Marmontel, I, 466.

APULÉE. Notice, I, 473.

AQUILIUS, poète comique latin, dont il ne nous est rien resté. — Cité à l'article PLAUTE.

ARATUS. Notice biographique et littéraire par H. Patin, II, 1. — Morceau choisi, 12.

ARCHIAS, poète grec d'Antioche, défendu par Cicéron, vivait vers l'an 60 av. J.-C. — Il avait écrit un poème *De la Guerre des Cimbres*, dont il reste quelques fragments, et des *Épigrammes* qu'on trouve dans l'*Anthologie grecque*. — Cité par La Harpe, VIII, 86.

ARCHILOQUE. Notice par de Brotone, II, 13. — Jugements, par Rollin, 16; par Barthelemy, 17; par La Harpe, XV, 363.

ARÉTIN. Notice par W., II, 18.

ARIETTE, par Marmontel, II, 22.

ARIOSTE. Notice par H. Lemonnier, II, 25. — Jugements, par Voltaire, 30; par le même, 31; par Blair, 42; par Chénier, 43; par Buttura, 44; par Delille, 46; par Ginguené, 47. — Analyse du *Roland furieux*, par Buttura, 50. — Morceaux choisis (traduction de Parseval Grandmaison), 61.—Cité par La Harpe, XVII, 450.

ARISTARQUE. Notice, II, 77. — Jugements, par Rollin, 79; par La Harpe, 81.

ARISTOPHANE. Notice, II, 81. — Jugements, par Lemercier (caractère particulier de la comédie d'Aristophane), 83; par le même (parallèle de la comédie d'Aristophane et de la comédie moderne), 86; par Barthelemy, 88; par La Harpe, avec l'analyse de ses pièces, 89; par Fontenelle, avec analyse, 135; par Schlegel, 146; par Clavier, 147; par Marmontel, VIII, 307.

ARISTOTE. Notice par Rollin, II, 148. — Jugements, par Fénelon, 155; par Montesquieu, *ibid.*; par La Harpe, avec l'analyse de ses ouvrages, *ibid.*; par Cuvier et Clavier, 193; par Boissonade, avec un morceau choisi, 195; par Voltaire, 198. — Cité par Marmontel, XXII, 207.

ARLEQUIN, par Marmontel, II, 200. — *Voy*. aussi XIV, 105.

ARMSTRONG. Notice par W., II, 202. — Morceaux choisis, 204.

ARNAULD (François). Notice, II, 208.

ARNAULD (Antoine). Notice par de Brotonne, II, 209. — Jugements, par d'Aguesseau, 216; par Palissot, 218; par Maury, *ibid.*; par Villemain, 220. — Cité par La Harpe à l'article racine.

ARNAULT. Notice, II, 221. — Jugements, par Palissot, 222; par Chénier, 223; par Dussault, 225. — Morceaux choisis, 231. — *Voy*. le jugement qu'il a porté sur Buffon.

ARRIEN. Notice, II, 239.

ARTAUD, professeur au collège royal de Louis-le-Grand. *Voyez* son jugement sur Picard.

ARTICULATION, par Marmontel, II, 250.

ARTS LIBÉRAUX, par Marmontel, II, 241.

ASSOUCY (d'), appelé *le Singe de Scarron*, né à Paris en 1604, mort en 1679, a laissé des *Poésies*, 3 vol. in-12, qui contiennent une version burlesque des *Métamorphoses* d'Ovide. Il est connu par le vers de Boileau:

    Et jusqu'à d'Assoucy tout trouva des lecteurs.

— Cité par La Harpe, V, 60.

ATHANASE (saint). Notice, II, 253.

ATHÉNÉE. Notice, II, 259.

ATTENTION, par Marmontel, II, 262.

ATTERBURY. Notice, II, 263. — Apprécié par Blair, VI, 483.

AUBERT. Notice, II, 265. — Jugements, par Voltaire, 267; par Palissot, *ibid.*; par Dussault, 268. — Morceaux choisis, *ibid.*

AUBIGNAC (d'). Notice par de Brotone, II, 282. — Jugements, par Voltaire, 285; par La Harpe, *ibid.*; par Palissot, *ibid.*; par Marmontel, XXII, 206.

AUGER (l'abbé). Notice, II, 285. — Jugements, par La Harpe, 287; par Noël, 296.

AUGER (Louis-Simon), secrétaire perpétuel de l'Académie-Française, chevalier de la Légion-d'Honneur, né à Paris le 29 décembre 1772, est auteur de l'*Éloge de Boileau*, couronné par l'Institut en 1805; de l'*Éloge de Corneille*, qui obtint l'accessit au concours suivant, et d'un *Commentaire* sur Molière. Éditeur de plusieurs ouvrages qu'il a enrichis de savantes notices, il a encore donné un grand nombre d'articles critiques et biographiques dans la *Biographie universelle*, dans la *Revue philosophique* et dans le *Mercure de France*. M. Auger a donné dans notre *Répertoire* les notices sur Amyot, Benserade, Colardeau, Desmahis, Montesquieu, Racine, etc.; des jugements sur Bayle et Boileau, et l'art. ROMANTISME.

AUGUSTIN (saint). Notice par W., II, 297. — Jugements, par Fénelon, 303; par Chateaubriand, avec quelques morceaux, 304; par Silvestre Guillon, accompagné de citations, 506. — Apprécié par La Harpe, XVII, 440. — Idée de son *Panégyrique*, par Maury, XIX, 82.

AULNOY (madame), auteur d'*Hippolyte, comte de Douglas*. — Citée par La Harpe, XXIV, 277.

AULU-GELLE. Notice, II, 309. — Morceau choisi, 311.

AURÉLIUS-VICTOR. Notice, II, 316.

AUSONE. Notice, II, 318. — Jugements, par Rollin, 320; par Thomas, *ibid.*; par Weiss, 322

AUTREAU. Notice, II, 324. — Jugement par Palissot, 326.

AVIENUS. Notice, II, 326. — Cité par La Harpe, XIII, 21.

AVRIGNY (d'), jésuite, né à Caen en 1675, mort en 1719, a donné des *Mémoires pour servir à l'Histoire universelle de l'Europe, depuis 1600 jusqu'en 1716.*—Mérite de cet ouvrage, apprécié par La Harpe, XV, 279.

AVRIGNY (d'). Notice, II, 328. — Morceau choisi, 329.

AZAIS (Pierre-Hyacinthe), né à Sorèze, le 1er mars 1766, a publié, entr'autres ouvrages : *Des Compensations dans les Destinées humaines*, 3 vol. in-8 ; *Système universel*, 8 vol. in-8, dont il a récemment donné l'analyse sous le titre suivant : *Explication universelle*, 2 vol. in-8, 1826.

B

BABRIAS. Notice, II, 332.—Critique du jugement de La Harpe par Boissonade, *ibid.*

BACON. Notice par l'abbé Mallet, II, 335. — Jugements, par Thomas, 343; par Chénier, *ibid.*; par Suard, 344. — Morceaux choisis, 345. — Apprécié par La Harpe, XVII, 455 ; XII, 282.

BAIF, poète français, membre de la Pléiade française, né au commencement du XVIe siècle, mort en 1547, a traduit l'*Électre* de Sophocle et l'*Hécube* d'Euripide. — Cité par La Harpe, XXIV, 362.

BAILLY (Jean-Sylvestre), de l'Académie des Sciences, de l'Académie-Française et de l'Académie des Inscriptions, né à Paris en 1736, mort le 12 novembre

1793, condamné par le tribunal révolutionnaire, fut l'ami de Buffon. Il est sur-tout connu par ses *Lettres sur l'Origine des Sciences*, et sur celle *des Peuples de l'Asie.*

BALLADE, par Marmontel, II, 364.

BALTUS (J.-François), jésuite, professeur de belles-lettres, et bibliothécaire de Reims, où il mourut en 1745, a réfuté le *Traité des Oracles* de Fontenelle. — Cité par La Harpe, XIV, 164.

BALZAC. Notice par de Brotonne, II, 368. — Jugements, par La Bruyère, 373; par Boileau, *ibid.*; par d'Aguesseau, 375; par Voltaire, 376; par Palissot, 377; par Dussault, 378; par Villemain, 379. — Apprécié par Marmontel, XIV, 416; par La Harpe, XVII, 459. — Morceaux choisis, 380.

BAOUR-LORMIAN. Notice, II, 391. — Jugements, par Chénier, 394; par Dussault, *ibid.* — Morceaux choisis, 402.

BARANTE (de). Notice, II, 406. — Jugement par madame de Staël, 406. — *Voy.* dans le *Répertoire* ses jugements sur d'Alembert, Bonnet, Bossuet, Buffon, Crébillon, etc.

BARBAULD (Anna-Lætitia). Notice, II, 409. — Morceaux choisis, 410.

BARBEYRAC (Charles), publiciste français, né à Cereste en 1629, mort à Montpellier en 1690, a traduit Puffendorf et Grotius. — Cité, XV, 273.

BARBIER D'AUCOUR. Notice, II, 420. — Jugement par La Harpe, 423.

BARBIER (mademoiselle), a fait, de moitié avec Fontenelle, une tragédie de *la Mort de César,* jouée sans aucun succès en 1709, XXIX, 278.

BARON. Notice par H. Lemonnier, II, 424. — Jugements, par La Bruyère, 428; par La Harpe, 429; par Palissot, 430; par Marmontel, X, 43.

BARONIUS (César), né en 1558, mort en 1607, a donné des *Annales ecclésiastiques* en 12 vol. in-folio. — Obligation qu'on lui a, XV, 278.

BARREAU, par Marmontel, II, 430. — De l'éloquence du barreau français au XVIe siècle, par La Harpe, 450; au XVIIe siècle, par le même, 465.

BARTHE. Notice, III, 1. — Jugements, par La Harpe, 3; par Palissot, 5. — Morceaux choisis, 6.

BARTHELEMY. Notice par Lalande, III, 17. — Jugements, par Delille, 23; par Boufflers, 24; par Gaillard, 25; par Mancini-Nivernois, 26; par de Sainte-Croix, 27; par de Barante, *ibid.*; par Fontanes, 28. — Morceaux choisis, 31. — *Voy.* dans le *Répertoire* ses jugements sur Alcée, Archiloque, Aristophane, Eschyle, Euripide, Homère, Sophocle.

BAS, par Marmontel, III, 68.

BASILE (saint). Notice par Laugier, III, 71. — Jugements, par Fénelon, 76; par La Harpe, *ibid.*; par Chateaubriand, *ibid.*; par Villemain, *ibid.*

BASNAGE DE BEAUVAL (Jacques). Notice, III, 77. — Jugements, par Palissot, 79; par La Harpe, XV, 279.

BASNAGE DE BEAUVAL (Henri). Notice, III, 80.

BATTEUX. Notice par de Brotonne, III, 81. — Jugements, par La Harpe, 87; par Chénier, *ibid.*; par Noel, *ibid.* — *Voy.* ses jugements sur Anacréon, Bion. Le *Répertoire* contient encore plusieurs articles littéraires puisés dans le *Cours de Belles-Lettres* de Batteux.

BAUSSET (le cardinal de). Notice par Feletz, III, 88. — Morceaux choisis, 96.

BAYLE. Notice par H. Lemonnier, III, 105. — Son portrait par Saurin, 112. — Jugements, par Voltaire, 114; par le même, *ibid.*; par Diderot, 115; par La Harpe, *ibid.*; par Auger, 122; par Le Clerc, 123; par Palissot, *ibid.*; par de Barante, 125.

BEAU, par Marmontel, III, 127.

BEAUMARCHAIS. Notice et jugement par La Harpe, III, 150. — Jugements, par Palissot, 251; par Chénier, 252; par Lemercier, *ibid.*

BEAUSOBRE. Notice, III, 254. — Cité par La Harpe, XV, 279.

BEAUVAIS (de). Notice, III, 257. — Jugements, par de Boulogne, 260; par Chénier, 268; par Dussault, *ibid.*; par Villemain, 269. — Morceaux choisis, 270.

BEAUZÉE. Notice, III, 278.

BELÈZE (François-Louis-Gustave), ancien élève de l'école normale, né à Montpellier le 21 août 1803, a publié un *Choix de Narrations et de Dissertations latines*, 1 vol. in-8, 1827. Il a donné un grand nombre de notices dans le *Supplément* à notre *Répertoire*, entre autres celles sur La Monnoye, Lenfant, La Colombière, Lampride, Lactance et Manlius.

BELLEAU (Remi), membre de la Pléiade française, né à Nogent-le-Rotrou en 1528, mort à Paris en 1577, a laissé diverses poésies qui ont été recueillies en 1604, 2 vol. in-12. — Cité par La Harpe, XXIV, 362.

BELLOY (de). Notice par H. Lemonnier, III, 280. — Jugements, par La Harpe, 284; par Palissot, 312, par de Barante, 313. — Morceau choisi, 314.

BEMBO (Pierre), cardinal, né à Venise en 1470,

mort en 1547, a laissé, outre son *Histoire de Venise*, IV livres d'*Épîtres familières* et *le Rime*.

BENSERADE. Notice par Auger, III, 315. — Jugements, par Voltaire, 322; par La Harpe, 323.

BENTIVOGLIO (Hercule). Notice, III, 326.

BENTIVOGLIO (Gui). Notice, III, 326.

BÉRANGER (Pierre-Jean de), né à Paris en 1780, a publié plusieurs recueils de *Chansons* qui l'ont mis au rang des premiers poètes de notre époque. *Voyez* l'art. chanson, VII, 90 et suiv.

BERCHOUX. Notice, III, 327. — Morceaux choisis, 328.

BERGASSE (Nicolas), avocat de Lyon, naquit en cette ville en 1750. Des ouvrages de M. Bergasse, celui qui a le plus contribué à sa célébrité est sans contredit son *Mémoire* dans l'affaire du banquier Kornman. — Apprécié par La Harpe, III, 195.

BERGERAC. Notice, III, 335. — Jugement par Palissot, 338.

BERGERIES, par Marmontel, III, 338.

BERGIER (Nicolas-Sylvestre), un des plus redoutables adversaires de la philosophie du XVIIIe siècle, né à Darnay en 1718, mort à Paris en 1790, est auteur de plusieurs ouvrages parmi lesquels nous citerons: *Réfutation du Système de la Nature*; *Examen du Matérialisme*; *Apologie de la Religion chrétienne*; *Dictionnaire théologique de l'Encyclopédie méthodique*.

BERKLEY. Notice, III, 340. — Jugement par Blair, 344. — Morceau choisi, *ibid*.

BERNARD (saint). Notice, III, 348. — Son portrait, par Massillon, 353; par Garat, 355. — Jugements, par Chateaubriand, 357; par Gallais, *ibid*.

BERNARD (Gentil). Notice, III, 357. — Jugements,

par Palissot, 380; par le prince de Ligne, 361; par La Harpe, 362. — Morceaux choisis, 373.

BERNARD (mademoiselle), de l'Académie des *Ricovrati* de Padoue, née à Rouen, morte à Paris en 1712, a donné une tragédie de *Brutus*, en 1690. — Appréciée par La Harpe, XXIX, 120.

BERNARDIN DE St-PIERRE. Notice par H. Patin, III, 386. — Jugements, par Chateaubriand, 397; par Dussault, 398; par de Barante, 399; par Loyson, 400; par Patin, 402. — Morceaux choisis, 411. — *Voy.* dans le *Répertoire* son jugement sur THÉOCRITE.

BERNIS (le cardinal DE). Notice par La Harpe, III, 436. — Jugements, par La Harpe, 440; par Delille, 445; par Palissot, *ibid*; par Delalot, 447. — Morceaux choisis, 452.

BERQUIN. Notice par H. Lemonier, III, 466. — Jugements, par La Harpe, 468; par Dussault, *ibid*. — Morceaux choisis, 470.

BERT, l'un des collaborateurs du *Lycée français*, a obtenu, en 1820, l'accessit pour le prix d'éloquence française décerné par l'Institut. Il a donné, avec M. O. Leroy, *l'Esprit de Parti*, comédie en cinq actes. — *Voy.* son jugement sur Campistron,

BERTAUT. Notice par Auger, IV, 1. — Jugement par Palissot, 2. — Morceaux choisis, *ibid*.

BERTHIER (GUILLAUME-FRANÇOIS), jésuite, né à Issoudun en 1704, mort à Bourges en 1782, principal rédacteur du *Journal de Trevoux*, a continué l'*Histoire de l'Église gallicane*, dont il a publié 6 vol. — Idée de la *Lettre sur le Matérialisme*, à lui adressée par Diderot. — Apprécié par La Harpe, XI, 122.

BERTIN. Notice, IV, 5. — Jugements, par Dussault, 7; par Le Peintre, 8. — Morceaux choisis, 9.

BESPLAS (GROS de), grand-vicaire de Besançon, né à Castelnaudary en 1734, mort à Paris en 1783, est auteur d'un *Essai sur l'Éloquence de la Chaire.* Son sermon sur la Cène, prêché devant Louis XVI, produisit une profonde impression.

BIBLE. IV, 16. — Livres de l'Ancien et du Nouveau-Testament, *ibid.* — Tableau de la Bible, par de Fontanes, 17. — De l'éloquence de l'Écriture-Sainte, par Fénelon, 19 ; par Théry, 21 ; par Rollin, 23. — Simplicité des écritures mystérieuses, par le même, 27 ; simplicité et grandeur, 30 ; la beauté de l'Écriture ne vient pas des mots, mais des choses, 36 ; descriptions, 39 ; figures, 46 ; endroits sublimes, 51 ; endroits tendres et touchants, 57 ; caractères, 63 ; cantique de Moïse, 69 ; occasion et sujet du cantique, 77 ; explication du cantique, 78. — Des psaumes et des prophéties, par La Harpe, 99 ; de l'esprit des livres saints, 134. — De la poésie des Hébreux, par Fleury, 175. — Caractère distinctif de chacun des prophètes, par Lowth, 190. — L'Évangile par J.-J. Rousseau, 201. — La philosophie des Hébreux, par de Bonald, 203.— Psaume CIII, considéré sous le rapport lyrique, par Batteux, 204 ; premier tableau, 205 ; deuxième tableau, 206 ; troisième tableau, 207 ; quatrième tableau, 208 ; cinquième tableau, 209 ; sixième tableau, 210 ; septième tableau, 212 ; huitième tableau, 213 ; neuvième tableau, *ibid.* — De l'utilité de l'Écriture-Sainte, par Maury, 217. — Du style de la Bible, par Chateaubriand, 233 ; par de la Mennais, 241. — La poésie sacrée, par de Lamartine, 249 ; Isaïe, par Chênedollé, 258. — Morceaux choisis imités de la Bible, par Racine, 261 ; par le même, 278 ; par J.-B. Rousseau, 291 ; par le même, 293 ; par le même, 296 ; par le même, 299; par le même, 301; par le même, 304; par le même, 307; par le même, 309; par Le Franc de Pompignan, 311; par le même, 316; par le même, 322 ;par le même, 326; par le même, 331 ; par Piron, 335; par Florian, 337 ; par le même, 344 ; par Louis Racine, 356; par de Wailly, 357; par La Harpe, 362; par Parseval de Grandmaison, 366.

BIENSÉANCE, par Marmontel, IV, 368.

BIÈVRE (DE). Notice, IV, 372. — Jugement par La Harpe, 374.

BION. Notice, IV, 384. — Jugements, par Fontenelle, 385 ; par Batteux, *ibid;* par La Harpe, 396. — Morceaux choisis (traduction de Firmin Didot), 398.

BITAUBÉ. Notice, IV, 402. — Jugement par La Harpe, 410.

BLAIR. Notice, IV, 411. — Jugements, par Maury, 413 ; par Suard, 415 ; par Chénier, 416 ; par de Boulogne, 417. — Morceaux choisis, 422. — *Voy.* ses jugements sur Addison, Berkley, Camoens, Lucain, Milton, Tasse et autres. Le *Cours de Rhétorique* de Blair a fourni un grand nombre d'articles au *Répertoire.*

BLANCS (vers), par Marmontel, IV, 431.

BLIN DE SAINMORE. Notice, IV, 437. — Morceaux choisis, 441.

BOCCACE. Notice par H. Lemonnier, IV, 452. — Jugements, par La Harpe, 456; par Buttura, 457 ; par Ginguené, avec un morceau choisi, *ibid;* par Marmontel, XVII, 445.

BOCHARD (l'abbé), chanoine de l'église métropolitaine de Lyon, a donné des *Extraits à l'usage des Classes d'Éloquence sacrée* ; Lyon, 1 vol. in-8, 1823. — *Voy.* sa notice sur le P. Guénard.

BODIN (JEAN), né à Angers vers 1530, mort à

Laon en 1596, a laissé, entre autres écrits, VI livres, *De la République*, Lyon, 1583, où il examine toutes les espèces de gouvernements.—Cité par La Harpe, XV, 273.

BOIARDO. Notice par H. Lemonnier, IV, 469. — Cité par La Harpe, XVII, 450.

BOILEAU. Notice par Amar, V, 1. — Jugements, par La Bruyère, 15; par Vauvenargues, 16, par Voltaire, 17; par le même, 18; par Marmontel, 19; par le même, 20; par La Harpe, accompagné de morceaux et de l'examen de ses écrits, 23; par de Fontanes, 143; par Auger, 145. — Morceaux choisis, 156. — *Voy.* dans le *Répertoire* le jugement qu'il a porté sur Balzac.

BOISJOLIN. Notice, accompagnée d'une *Épître*, par de Fontanes, 182. — Morceaux choisis, 187.

BOISMONT. Notice, V, 190. — Jugements et citations, par La Harpe, 192; par de Boulogne, 199.

BOISSONADE (JEAN-FRANÇOIS), professeur de littérature grecque à la Faculté des Lettres de l'Académie de Paris, est né à Paris le 12 août 1774. — *Voy.* Les jugements de cet helléniste distingué sur Aristote, Orphée et Sapho.

BOISSY. Notice, V, 208. — Jugements, par d'Alembert, 210; par le prince de Ligne, 213; par Lemercier, *ibid*; par La Harpe, avec des citations, 214. — Morceaux choisis, 225.

BOLINGBROCKE. Notice, V, 230. — Jugement par Blair, 232. — Morceaux choisis, 233.

BONALD (DE). Notice, accompagnée d'une *Épître*, par de La Martine, V, 234.—Jugement par de Chateaubriand, 237. — Morceaux choisis, 238. — *Voy.* dans le *Répertoire* son jugement sur de Chateaubriand.

BONJOUR (CASIMIR), a débuté dans la carrière dramatique par *la Mère rivale*, comédie en trois actes et en vers, jouée au Premier Théâtre-Français. Il a donné depuis, au même théâtre, trois comédies en cinq actes et en vers, *l'Éducation, ou les deux Cousines; le Mari à bonnes fortunes; l'Argent, ou les Mœurs du Siècle.* Les deux premières ont obtenu un grand succès.

BONNARD. Notice, V, 244. — Jugement et morceaux choisis, par La Harpe, 245.

BONNET. Notice par H. Lemonnier, V, 256, — Jugement par de Barante, 260.

BONNET (Dominique-Auguste), aumônier du Collège royal de Louis-le-Grand, né à Apte, département de Vaucluse, le 28 août 1796, a donné dans le *Supplément au Répertoire* l'article LE JEUNE.

BONTÉ, par Marmontel, V, 262.

BOSSU. *Voy.* LE BOSSU.

BOSSUET. Notice par d'Alembert, V, 268. — Jugements, par Rollin, 297; par Voltaire, 298; par le même, 299; par Vauvenargues, *ibid.*; par Maury, 301; par Thomas, 303; par Maury, 313; par Chateaubriand, 319; par le même, 324; par Dussault, 329; par Villemain, 335; par le même, 337; par Trognon, 340; par de Barante, 341; par Chênedollé, 342; par La Harpe, avec des citations, 345; par Marmontel, XV, 157. — Morceaux choisis, 376. — *Voy.* le parallèle de Bossuet et Fénelon, à l'article D'AGUESSEAU, et le portrait de Bossuet à l'article BAUSSET.

BOUFFLERS. Notice par H. Lemonnier, V, 389. — Jugements, par le prince de Ligne, 392; par Dussault, 393. — Morceaux choisis, 394. — *Voy.* son jugement sur Barthelemy.

BOUHOURS. Notice, V, 408. — Jugement par Picot, 411.

BOUILLY (Jean-Nicolas), né à Tours, (Indre-et-Loire), a fait représenter au Théâtre-Français le drame de *l'Abbé de l'Épée*, qui obtint un grand succès, et *Madame de Sévigné*, comédie en 3 actes. Il a donné à l'Académie royale de Musique *les Jeux-Floraux*, et à l'Opéra-Comique *Pierre-le-Grand*; *la Jeunesse de Henri IV*; *la Famille Américaine*; *J.-J. Rousseau à ses derniers moments*; *Léonore ou l'Amour conjugal*; *les deux Journées*; *une Folie*; *Héléna*; *Zoé*; *le Séjour militaire*; *Françoise de Foix*; *l'Intrigue aux Fenêtres*; *Cimarosa*, avec Emmanuel Duputy. Le Vaudeville lui est redevable de plusieurs jolies petites pièces. M. Bouilly a cultivé aussi avec talent et avec succès une autre branche de la littérature : les *Contes à ma Fille*, les *Conseils à ma Fille*, les *Jeunes Femmes*, et *la Mère de Famille* complètent un charmant cours de morale, sous le titre des *Quatres âges de la Femme*. Il a encore publié les *Encouragements de la Jeunesse*, et les *Contes aux Enfants de France*.

BOULAINVILLIERS (comte de), né à Saint-Saire en 1658, mort à Paris en 1722, a donné entr'autres écrits des *Recherches sur l'Histoire de France*. — Idée de cet ouvrage, XV, 280.

BOULOGNE (Étienne-Antoine de), évêque de Troyes et pair de France, né à Avignon le 26 décembre 1747, est mort à Paris en mai 1825. On a de lui l'*Éloge du Dauphin*, père de Louis XVI, un *Panégyrique de saint Louis*, et des *Sermons*.— *Voy.* ses jugements sur de Beauvais et Boismont.

BOUQUET, accompagné de citations, par Marmontel, V, 425.

BOURDALOUE. Notice, V, 427. — Jugements, par d'Aguesseau, 429; par Voltaire, 430; par La Harpe, *ibid.*; par Maury, 434; par Dussault, 436; par Thomas, 438; par Marmontel, VI, 442; XIV, 421; par Blair, VI, 480. — Morceaux choisis, 439.

BOURSAULT. Notice par Auger, V, 450. — Jugement par La Harpe, 453. — Morceaux choisis, 459.

BOUTERWECK. Notice, V, 475.

BRÉBEUF. Notice par Auger, V, 476. —Jugements, par Palissot, 478; par La Harpe, XVIII, 107.

BRET. Notice, V, 479.—Jugement par Palissot, 480.

BRETONNEAU, jésuite, né à Tours en 1660, mort à Paris en 1741, a publié des *Sermons*, Paris, 1743, in-12.

BRIDAINE. Notice par Laugier, VI, 1. —Jugements, accompagné de citations, par Maury, 3; par Marmontel, I, 28; VI, 452.

BRILLANT, par Marmontel, VI, 13.

BRISSET (sieur DU SAUVAGE), né à Tours, a donné un *Théâtre tragique*, contenant *Baptiste, Agamemnon, Hercule Furieux, Octavie* et *Thyeste*, 1590, in-4. — Citation d'un passage de son *Agamemnon*, IV, 370.

BROSSES (le président de), de l'Académie des Inscriptions et Belles-Lettres, né à Dijon en 1709, mort à Paris en 1777, auteur du *Mécanisme des Langues*, a donné aussi l'*Histoire du VIIe siècle de la République romaine*, ouvrage fort remarquable, précédé d'une *Vie de Salluste*.

BROTIER. Notice, VI, 14. — Jugement par Palissot, 16.

BROTONE (Frédéric-Pascal de), sous-bibliothécaire de Sainte-Geneviève, né à Manneville (Eure), le 29 mai 1797, a donné dans le *Répertoire* les notices sur Archiloque, Arnauld, Balzac, Mably, Pradon et autres. — *Voy.* laugier.

BRUCKER (J.-Jacques), né à Ausbourg, en 1696, mort en 1770, s'est fait une grande réputation par son *Historia critica Philosophiæ*, Leipzig, 1767, 6 vol. in-4, dont il a donné un *Abrégé* in-8.

BRUEYS. Notice, VI, 17. — Jugements, par Voltaire, 19; par Palissot, 20; par La Harpe, *ibid.*

BRUGUIÈRE de SORSUM (le baron), membre de plusieurs Sociétés savantes, a donné une traduction du drame indien de *Sacontala*; un volume contenant une *Nouvelle* et une *Comédie* traduite du chinois, et a traduit le poème de *Rodrick, ou le dernier des Goths*, de Southet. M. Chênedollé vient de publier 2 vol. posthumes de M. Bruguière de Sorsum, intitulés *Chefs-d'œuvre de Shakspeare, traduits conformément au texte original, en vers blancs, en vers rimés et en prose, suivis de Poésies diverses*. — Sa traduction du poème des *Ténèbres*, par lord Byron, citée, VI, 194.

BRUMOY. Notice, VI, 23. — Jugements, par Voltaire, 24; par Palissot, 25. — Critiqué, par La Harpe, XII, 461; par Marmontel, XXVIII, 121.

BRUNETTE, avec un morceau choisi, par Marmontel, VI, 26.

BUCHANAN (George), poète et historien célèbre, né en 1506 à Kilkerme, mort à Édimbourg en 1582, a composé, outre des *Épigrammes* et des *Satires*, une *Paraphrase des Psaumes en vers latins*, deux tragédies latines, *Jephté* et *Saint Jean-Baptiste*, et l'*Histoire d'Écosse*.

BUDÉE. Notice par Andrieux, VI, 27.

BUFFON. Notice et éloge par Condorcet, VI, 34. — Jugements, par J.-J. Rousseau, 80; par La Harpe, *ibid.*; par Palissot, 86; par Arnault, 88; par Chateaubriand, 89; par Lemercier, *ibid.*; par de Barante, 90.

— Morceaux choisis, 93. — *Voy.* son jugement sur Pline l'Ancien.

BURKE (Edmond), l'un des plus éloquents orateurs de l'Angletérre, né à Dublin le 1ᵉʳ janvier 1730, mort le 8 juillet 1797, est auteur d'un *Essai sur le Sublime et sur le Beau*, qui a été traduit deux fois en français.

BURLESQUE, par Marmontel, VI, 132.

BURNET. Notice, VI, 142. — Jugement par Blair, 143. — Morceau choisi, 144.

BURNOUF (J.-L.), professeur d'éloquence au Collège royal de France, a enrichi la littérature d'une excellente traduction des *Catilinaires* et du *Dialogue* de Cicéron intitulé *Brutus*. Il publie en ce moment la traduction complète de Tacite. M. Burnouf est souvent cité dans notre *Répertoire* comme traducteur des *Catilinaires*, tom. VIII, p. 49 et suiv.

BUSSY-RABUTIN. Notice, VI, 145. — Jugement par La Harpe, XIX, 116. — *Voy.* le jugement qu'il a porté sur Abbadie.

BUTLER. Notice, VI, 151. — Jugement par Voltaire, *ibid.* — Morceaux choisis, 153.

BUTTURA, professeur de littérature italienne à l'Athénée, a donné dans le *Répertoire* l'analyse du *Rolland Furieux*, à l'article ARIOSTE.

BYRON. Notice par H. Lemonnier, VI, 160. — Son portrait, 166. — Jugements, par de Lamartine, 168; par Pichot, 169; par Bruguière de Sorsum, 177; par Victor Hugo, 178. — Morceaux choisis, 179.

C

CABALE, par Marmontel, VI, 200.

CABANIS. Notice, VI, 203; — Jugements, par Chénier, 206; par de Barante, 208; par P. M., 209.

CAILHAVA. Notice, VI, 218. — Jugements, par Chénier, *ibid.*; par Palissot, 221.

CALDERON de LA BARCA. Notice par Bouterweck, VI, 222. — Jugements, par Voltaire, 226; par Schlegel, 228; par Bouterweck, 234. — Cité par Marmontel, XXII, 157; par La Harpe, XVII, 453.

CALLIMAQUE de Cyrène, fils de Battus, issu d'une famille illustre, 260 ans avant J.-C., enseigna d'abord la grammaire ou les belles-lettres à Alexandrie : Apollonius de Rhodes, Ératosthène, Aristophane de Byzance y furent ses auditeurs. Ptolémée-Philadelphe le plaça ensuite au Musée. Il vécut, comblé d'honneurs, à la cour de ce prince, où l'on admirait son talent. Cependant le petit nombre de morceaux qui nous reste, des huit cents qu'il doit avoir composés, nous fait connaître un poète froid, dépourvu de verve et d'enthousiasme, et faisant de vains efforts pour remplacer, par l'érudition, le génie que la nature lui avait refusé. Ces poésies nous engagent à souscrire au jugement qu'Ovide en a porté, en disant :

> Battiades semper toto cantabitur orbe;
> Quamvis ingenio non valet, arte valet.

Les principaux ouvrages poétiques de Callimaque étaient les suivants :

1° *Élégies*. Elles étaient regardées comme son principal titre à la gloire : les Romains, sur-tout au siècle d'Auguste, en faisaient leurs délices : Ovide et Properce l'imitèrent. Parmi les *Élégies* de Callimaque, deux sur-tout étaient célèbres : *la Chevelure de Bérénice* (épouse de Ptolémée III), que Catulle a traduite ou imitée, et *Cydippe*, à laquelle Ovide fait allusion dans ce distique :

> Callimachi numeris non est dicendus Achilles.
> Cydippe non est oris, Homere, tui.

Ovide l'a probablement imitée dans sa vingtième *Héroïde*. Il ne nous reste que des fragments des *Élégies* de Callimaque.

2° *Causes*, c'est-à-dire de l'origine ou des causes de plusieurs fables, coutumes et antiquités, poème en quatre chants, qui toutefois était plutôt du genre épique qu'élégiaque. Il en existe des fragments.

3° *Hécalè*, poème héroïque dont le sujet était l'hospitalité qu'une bonne vieille accorda à Thésée, lorsqu'il alla combattre le taureau de Marathon.

4° *Ibis*, poème dirigé contre un disciple accusé d'ingratitude, savoir, Apollonius de Rhodes : cet ouvrage est farci d'érudition. L'ibis est un oiseau connu, dont l'instinct a, dit-on, appris aux hommes l'usage des lavements. On ignore pourquoi Callimaque a donné ce sobriquet à son ennemi; ce fut probablement pour se moquer de quelque difformité corporelle d'Apollonius, ou d'une ressemblance avec cet oiseau qu'Apollonius avait, aux yeux prévenus de son maître irascible. C'est à l'imitation de Callimaque qu'Ovide a donné le titre d'*Ibis* à un de ses poèmes.

5° *Hymnes*. Il en reste six dont cinq écrits en dialecte ionien, et le sixième, intitulé *Bain de Pallas*, en dorien. Les commentateurs disent que le dialecte dorien a été préféré pour cet hymne, parce que Callimaque l'a composé à Argos, où, dans une certaine fête, la statue de Pallas était baignée dans l'Inachus. Le mètre élégiaque de cet hymne était au reste assez étranger aux Doriens. Des six hymnes du poète de Cyrène, le meilleur est celui qui est adressé à Cérès.

Celui qui est en l'honneur de Délos est dans le genre épique, comme les hymnes des Homérides.

6° *Épigrammes.* Nous en avons près de quatre-vingts, que l'on peut compter parmi les meilleures de l'antiquité. Le grammairien Archibius, père d'Apollonius, ou, selon d'autres, son fils, a écrit un *Commentaire* ou une *Exégèse* sur ces *Épigrammes*, et Marianus, qui a vécu sous l'empereur Anastase, en a fait une paraphrase en vers ïambiques.

7° *Iambes* et *Cholïambes.* Strabon les cite, et il en reste quelques fragments.

Tels sont les principaux ouvrages poétiques de Callimaque. Si les morceaux que le temps nous a conservés ne nous inspirent pas cette admiration que plusieurs Anciens ont professée pour le Battiade, nous regrettons bien sincèrement la perte de quelques traités que cet auteur avait écrits en prose, et où nous serions bien aises de retrouver cette érudition qu'il avait mal à propos prodiguée dans des ouvrages d'imagination. Sans doute la lecture de ces écrits remplirait une foule de lacunes qui se trouvent dans notre connaissance des antiquités grecques. Tels sont ses *Commentaires* ou *Mémoires;* son ouvrage intitulé, *Origines des îles et des villes;* ses *Merveilles du Monde.* De ce nombre sont encore sa *Description ou Histoire du Musée d'Alexandrie,* son *Tableau universel de ceux qui se sont illustrés dans chaque science.* Dans cette compilation en cent vingt livres, l'histoire des hommes de lettres était rapportée dans un ordre méthodique; premier exemple d'une histoire littéraire. Parmi les écrits perdus de Callimaque, nous regrettons encore ses *Didascalies.* Callimaque n'aimait pas les ouvrages de longue haleine; il est l'auteur de cet adage qu'Athénée nous a conservé : *Petit livre, petit mal.*

Quoique Callimaque ait joui de sa gloire, il ne manquait pas non plus de détracteurs, qui lui ont causé ce genre de tourment auquel la vanité des auteurs les expose et les rend si sensibles. Un certain grammairien du nom d'Aristophon a écrit contre son *Tableau littéraire*, et il existe dans l'*Anthologie* un distique fait contre Callimaque par Apollonius le Grammairien, et souvent attribué à l'auteur des *Argonautiques**.

Schoell, *Histoire de la Littérature grecque.*

CALPRENÈDE. Notice, VI, 245. — Jugements, par La Harpe, 246; par Palissot, 247.

CALVIN (Jean), né à Noyon en 1509, mort à Genève en 1564, se fit d'abord connaître par son *Commentaire* sur les deux livres de Sénèque, *De la Clémence.* En 1536 il publia son livre de l'*Institution chrétienne*, qui est l'abrégé de toute sa doctrine. Ses *Commentaires sur l'Écriture* sont la partie la plus considérable de ses œuvres ; on y remarque un profond savoir et un style grave et poli.

CAMBACÉRÈS (l'abbé de), né à Montpellier en 1721, mort en 1802, a laissé un *Panégyrique de saint Louis,* et trois volumes de *Sermons* estimés.

CAMOENS. Notice, VI, 248. — Jugements, par Voltaire, 250 ; par La Harpe, 252 ; par Blair, 253; par Dussault, 256. — Morceaux choisis, 258. — Apprécié par Marmontel, XXII, 154.

CAMPENON. Notice, VI, 269. — Jugements, par

---

* Nous devons à M. Boissonade une jolie et excellente édition des *Œuvres de Callimaque*, qui fait partie de la *Collection des Poètes grecs*, publiée chez Lefèvre.   F.

Dussault, 270; par Feletz, avec citations, 276. — Morceaux choisis, 280. — *Voy*. dans le *Répertoire* le jugement qu'il a porté sur Ducis.

CAMPISTRON. Notice, VI, 284. — Jugements, par La Harpe, 286; par Palissot; 290; par Bert, 291. — Morceaux choisis, 295.

CANAT (l'abbé). *Voy*. sa pièce du *Curé de Village*.

CANEVAS, par Marmontel, VI, 298.

CANTIQUE, par Marmontel, VI, 299.

CARBON DE FLINS, poète, né à Reims en 1757, mort à Paris en 1790, a donné plusieurs comédies; entre autres *le Réveil d'Épiménide*, qui obtint un grand succès.

CARMONTELLE, né à Paris en 1717, mort en 1806, s'est fait un nom dans la littérature par ses *Proverbes dramatiques*.

CARRON (l'abbé). Notice par madame Woillez, VI, 306.

CASAUBON (ISAAC), né à Genève en 1559, mort en 1614, a relevé les méprises de Baronius dans un ouvrage intitulé *Exercitations sur les Annales de Baronius*.

CASSINI (madame) Ses *Lettres* sur cette question: « Quel est le moment où Orosmane est le plus malheureux? » citées, XXIX, 216, 223.

CASTEL. Notice, VI, 315. — Jugement par Palissot, *ibid*. — Morceaux choisis, 318.

CASTELVETRO (LOUIS), célèbre critique, né à Modène en 1505. On lui doit, outre ses *Opere critiche*, des *Éclaircissements sur la Poétique d'Aristote*. — Apprécié par Marmontel, XXII, 207.

CASTI. Notice par H. Lemonnier, VI, 324. — Jugements, par Corona, 327; par le prince de Ligne, 328;

par Andrieux, 329. — Morceaux choisis (traduits par Mareschal et Andrieux), 331.

CATASTROPHE, par Marmontel, VI, 338.

CATULLE. Notice par Amar, VI, 342. — Jugements, par Marmontel, 346; par La Harpe, 347. — Morceaux choisis, 348.

CATON (le Censeur), né l'an 232, mort l'an 147 avant J.-C., avait composé un grand nombre d'ouvrages. Il ne nous reste que les fragments de ses *Origines*, et son traité *De Re rusticâ*. Le docteur Descuret lui a consacré dans la *Biographie médicale* un article assez étendu.

CATON (d'Utique), orateur, né l'an 660 de Rome, s'unit avec Cicéron contre Catilina, et se donna la mort à Utique, 48 ans avant J.-C.

CATROU (François), jésuite, né à Paris en 1659, mort en 1737, a composé des *Histoires* qui sont de véritables gazettes. On lui doit aussi une *Traduction* de Virgile.

CAUX (Gilles de), parent de Corneille, né à Ligneries en Normandie, en 1682, mort en 1733, a composé, outre quelques *Poésies*, deux tragédies, *Marius* et *Lysimachus*.

CAZOTTE (Jacques), né à Dijon en 1720, fut condamné à mort par le tribunal révolutionnaire, et périt le 25 septembre 1792. On a publié en 1798 ses *OEuvres*, mêlées de vers et de prose, 3 vol in-12.

CELSE (Aurelius-Cornelius). Notice, VI, 353.

CELSE (le Philosophe). Notice VI, 357. — Cité par La Harpe, XVII, 439.

CENCIUS, historien des premiers âges de Rome, dont il ne nous reste rien.

CÉRON (Nicolas), est auteur de la comédie de *l'Amant auteur et valet*.

CERUTTI (Joseph), né à Turin en 1738, mort en 1792, a composé des *Poésies fugitives*, et un poème, *les Jardins de Betz*.

CERVANTES. Notice par H. Lemonnier, VI, 358. — La *Galatée* de Cervantes, jugée par lui-même, 365. — Jugements, par Schlegel, 365; par Bouterweck, 367; par Chénier, 385; par Feletz, avec des citations, 386. — Morceaux choisis, 397.

CÉSAR. Notice par Rollin, VI, 406. — Jugements, par Montaigne, 410, par Rollin, 411; par Dussault, 413; par Marmontel, XIX, 110.

CESAROTTI (Melchior), l'un des littérateurs et des poètes italiens les plus estimés, né à Padoue en 1730, s'est fait un nom justement célèbre dans les lettres par ses traductions de Voltaire, d'Homère, de Démosthène, et son *Cours raisonné de Littérature grecque*.

CÉSURE, par Marmontel, VI, 416.

CHABANON, de l'Académie-Française et de celle des Inscriptions, né à Saint-Domingue en 1730, mort à Paris en 1792, a donné plusieurs tragédies : *Éponine*; *Priam au camp d'Achille*; *Eudoxie*; *Sabinus*; il a traduit les *Idylles* de Théocrite et les *Odes pythiques* de Pindare. — Idée de sa pièce d'*Éponine*, XXV, 105 et 106.

CHAIRE (éloquence de la), par Rollin, VI, 418; par Marmontel, 428; par Blair, 458.

CHALEUR, par Marmontel, VII, 1.

CHAMFORT. Notice, VII, 8. — Jugements, par Chénier, 13; par Palissot, 15; par La Harpe, avec des citations, 16. — Morceaux choisis, 53. — *Voy.* dans le *Répertoire* son jugement sur La Fontaine.

CHANSON, par Marmontel, avec des exemples, VII,

65, par La Harpe, avec des exemples, 71. — Chansons choisies, 76.

CHANT, par Marmontel, VII, 95.

CHAPELAIN. Notice par Auger, VII, 110. — Jugements, par Voltaire, 114; par La Harpe, *ibid*; par Palissot, 118; par Marmontel, I, 19. — Morceaux choisis, VII, 120.

CHAPELLE. Notice par Auger, VII, 125. — Jugement, 129.

CHARLEVAL (CHARLES, seigneur DE), ami de Sarrazin et de Scarron, né en Normandie en 1612, mort en 1693; est auteur de la *Conversation du père Cannaye et du maréchal d'Hocquincourt*; il a laissé aussi quelques *Poésies.* — Apprécié par La Harpe, XXV, 349; XIV, 189.

CHARRON. Notice, VII, 130. — Jugements, par Le Clerc, 132; par Villemain, 133. — Morceaux choisis, 134.

CHASSIGNET (JEAN-BAPTISTE), poète français, né à Besançon en 1578, mort en 1635, est auteur de *Paraphrases en vers français sur les douze petits prophètes du Vieux-Testament, et sur les Psaumes de David.* — Cité par La Harpe, XI, 454.

CHASTELUX (FRANÇOIS-JEAN, marquis DE), membre de l'Académie-Française, mort à Paris en 1788, est auteur de l'*Essai sur l'union de la Poésie et de la Musique.* — Cité avec éloge par Marmontel, I, 148.

CHATAM. Notice, VII, 144. — Jugement par Chesterfield, 145. — Morceau choisi, 148.

CHATEAUBRIAND. Notice, VII, 152. — Jugements, par Geoffroy, 158; par de Bonald, 160; par Lacretelle aîné, 161; par D. M., 166; par Dussault, (parallèle de Bernardin de Saint-Pierre et de M. de Chateaubriand), 168. — Morceaux choisis, 169. — *Voy*.

dans le *Répertoire* ses jugements sur saint Ambroise, Bernardin de Saint-Pierre, de Bonald, Bossuet, Massillon, Tertullien, Tasse et autres.

CHATEAUBRUN. Notice, VII, 187. — Jugements, par La Harpe, 188; par Palissot, 194.

CHAUCER (Geoffroy), célèbre poète anglais; né à Londres en 1328, mort en 1400, a laissé des *Poésies*, publiées à Londres en 1721, in-fol., et réimprimées à Paris par Cazin, 14 vol. in-12.

CHAULIEU. Notice, VII, 195. — Jugements, par Voltaire, 196; par Vauvenargues, 197; par Delalot, *ibid*; par La Harpe, 207; par Marmontel, XX, 219, 226. — Morceaux choisis, VII, 208.

CHEMINAIS. Notice, VII, 217. — Jugements, par La Harpe, 218; par Maury, *ibid.*; — Morceau choisi, 219.

CHÊNEDOLLÉ, Notice, VII, 223. — Jugements, par Chénier, *ibid.*; par Dussault, avec des citations, 224, — Morceaux choisis, 230. — *Voy.* dans le *Répertoire* ses jugements sur Bossuet et Milton.

CHÉNIER (André). Notice par Taviand, VII, 234. — Jugement par Loyson, avec des citations, 239. — Morceau choisi, 261.

CHÉNIER (Marie-Joseph). Notice par Taviand, VII, 263; par Théry, avec des citations, 271. — Morceaux choisis, 298. — *Voy.* dans le *Répertoire* ses jugements sur d'Aguesseau, Andrieux, Arnault, Bacon, Beaumarchais, Cottin, Delille et autres.

CHÉRILE, célèbre poète grec, chanta la victoire que les Athéniens remportèrent sur Xercès. Les vainqueurs ordonnèrent qu'on réciterait ses poésies avec celles d'Homère. — Apprécié par La Harpe, XXII, 453.

CHÉRON. Notice, VII, 304.

CHESTERFIELD. Notice, VII, 307. — Jugement

par Suard, 308. — Morceaux choisis, 311. — *Voy*. dans le *Répertoire* son jugement sur Chatam.

CHILLINGWORTH (Guillaume), né à Oxford en 1602, mort en 1644, a publié des *Sermons* en anglais.

CHOEUR, par Marmontel, VII, 315; par Blair, 322; par Schlegel, 326.

CHOEUR D'OPÉRA, par Marmontel, VII, 331.

CHRIE, par Marmontel, VII, 334.

CHRYSOSTOME (saint Jean). Notice par Taviand, VII, 338. — Jugements, par Fénelon, 346; par Maury, *ibid.*; par Blair, 347; par Chateaubriand, *ibid.*; par Rollin, avec des citations, *ibid.*; par La Harpe, XVII, 440. — Morceau choisi, VII, 367.

CICÉRON. Notice par Gaillard, VII, 370. — Son portrait, par Thomas, 403. — Jugements, par Villemain, 411; par La Harpe (analyse des ouvrages de Cicéron sur l'art oratoire), 417; par le même (analyse des ouvrages oratoires), VIII, 1; les *Verrines*, 20; les *Catilinaires*, 42; des autres harangues, 75; œuvres philosophiques, 140. — Jugement de Marmontel sur ses dialogues XXIV, 152; sur ses ouvrages de rhétorique, I, 289.

CLARENDON. Notice, VIII, 186. — Morceau choisi, 188.

CLARKE. Notice, par Taviand, VIII, 191. — Apprécié par La Harpe, XIII, 379.

CLAUDE. Notice, VIII, 195. — Morceaux choisis, *ibid*.

CLAUDIEN. Notice, par Le Clerc, VIII, 199. — Jugements, par Thomas, 204; par La Harpe, 207.

CLAVERET, censeur impudent de Corneille, IX, 164.

CLÉMENT (abbé, Denys-Xavier), né à Dijon en 1706, mort en 1771, célèbre prédicateur, a laissé des *Sermons*, 1772, 4 vol. in-12.

CLÉMENT. Notice, VIII, 208. — Jugements, par Palissot, 210; par Chénier, 212.

CLÉON, orateur grec. Ce qu'en dit Cicéron. X, 309.

CLISTHÈNE, orateur grec. Ce qu'en dit Cicéron, X, 309.

CLOTILDE. *Voy.* SURVILLE.

COCHIN. Notice, VIII, 212.—Jugement, par Ponce, 214; par Marmontel, XVI, 82.

COFFIN. Notice biographique et littéraire, VIII, 216.

COLARDEAU. Notice, par Auger, VIII, 218. — Jugements, par La Harpe, avec des citations, 220; par P., 234. — Morceaux choisis, 242.

COLLÉ. Notice par Auger, VIII, 248.—Jugements, par Palissot, 250; par Geoffroy, 251; par La Harpe, 254.

COLLIN D'HARLEVILLE. Notice, par Andrieux, VIII, 256. — Son portrait, par Ducis, 274. — Jugements, par La Harpe, 276; par Geoffroy, 287; parallèle de Collin d'Harleville et de Fabre d'Églantine, par le même, 290. — Morceaux choisis, 292.

COLUMELLE. Notice, VIII, 297.

COMÉDIE, par Marmontel, VIII, 298; par La Harpe, 318; par Étienne, 336.

COMINES. Notice, VIII, 344. — Jugements, par Chateaubriand, 346; par Chénier, 347; par de Barante, *ibid.*; par Marmontel, XIX, 103.

COMIQUE, par Marmontel, VIII, 348.

COMPARAISON, par Marmontel, VIII, 356.

CONCERT SPIRITUEL, par Marmontel, VIII, 368.

CONDILLAC. Notice, par Taviand, VIII, 371. — Jugement, par La Harpe, avec l'examen de ses opinions et de ses écrits, 374.

CONDORCET. Notice, par Taviand, VIII, 443. — Jugement, par La Harpe, 449.

CONFUCIUS. Notice, par Taviand, VIII, 450. — Jugement, par Grosier, 453. — Maximes et pensées choisies, 454.

CONGRÈVE. Notice par Taviand, VIII, 455. — Jugement par Suard, 458.

CONSTANTIN, poète grec, vivait au XIIe siècle, sous l'empereur Manuel Commène, on a de lui, en vers grecs, un *Abrégé de l'Histoire*; les *Amours d'Aristandre et de Callithée*, dont on trouve des fragments dans les *Anecdota græca* de Villoison. — Cité par La Harpe, XVIII, 424.

CONTE. Par Marmontel, VIII, 460; par La Harpe, 467.

CONVENANCE, par Marmontel, IX, 1.

COPERNIC (Nicolas), célèbre astronome, né à Thorn en 1473, mort en 1543. — Cité par La Harpe, XVII, 454.

CORDEMOI (Geraud de), de l'Académie-Française, né au commencement du XVIIe siècle, mort en 1684, est auteur de l'*Histoire de France, depuis le commencement de la monarchie jusques en 987*. — Paris 1685. —89, 2 vol. in-fol. Ouvrage qui n'est pas sans mérite quoiqu'en disent le P. Daniel et d'autres écrivains qui en ont profité. — Apprécié par La Harpe, XV, 276.

CORNEILLE (Pierre). Notice par Fontenelle, IX, 7. — Jugements, par Racine, 31; par Fontenelle (parallèle de Corneille et de Racine), 33; par La Bruyère, 34, par Vauvenargues, 37; par La Harpe, avec l'examen de ses ouvrages et des citations, 40; par Marmontel, XIV, 416; XXVII, 147.

CORNEILLE (Thomas). Notice par Taviand, IX, 191. — Jugement par La Harpe, 194.

CORNELIUS NEPOS. Notice par Patin, IX, 209. — Jugements, par Rollin, 210; par La Harpe, 211; par Walkenaer, *ibid.*

CORNUTUS, philosophe stoïcien, de la ville de Leptis, fut le maître de Perse, poète satirique. — Cité par La Harpe, à l'article PERSE.

CORONA (CAMILLE), docteur en médecine, naquit à Rome en 1747. Après avoir été alternativement ministre des affaires étrangères, de l'intérieur, et présisent du Tribunal romain, il quitta sa patrie en 1799, vint se fixer à Paris où il exerça la médecine avec distinction jusqu'à sa mort arrivée en 1817. — *Voy.* son jugement sur Casti.

COTTIN (madame) Notice, IX, 213. — Jugement par Chénier, 215.

COURT DE GÉBELIN (ANTOINE), l'un des hommes les plus érudits du XVIIIe siècle, né à Nîmes en 1725, mort à Paris en 1794, a publié le *Monde primitif analysé et comparé avec le Monde moderne*, Paris 1773-84, 9 vol. in-4; ouvrage si vaste, que d'Alembert, ne concevant pas qu'un seul individu l'eût entrepris, demandait s'il y avait quarante hommes pour l'exécuter. — Cité par La Harpe, XXV, 75.

COUSIN (VICTOR), ancien élève et maître des conférences de l'école normale, professeur suppléant de philosophie moderne à la Faculté des Lettres de l'Académie de Paris, l'un des rédacteurs du *Journal des Savants*, est né à Paris, le 28 novembre 1792. Il a publié les ouvrages inédits de Proclus, les *OEuvres complètes de Descartes*; 1 vol. de *Fragments philosophiques*, et donne en ce moment une *Traduction complète* de Platon. — *Voy.* dans le *Répertoire* son jugement sur Descartes, et sa traduction de Platon appréciée à la note qui termine la notice sur ce philosophe.

COWLEY (Abraham), célèbre poète anglais, né à Londres en 1618, mort en 1667, a donné parmi d'autres poésies, un *Poème sur la Mort d'Hervey*, et la *Chronique*. Ses œuvres ont été recueillies à Londres en 1707, 2 vol. in-8.

COWPER, célèbre romancier américain, né à New-York, a servi pendant quelque temps dans la marine des États-Unis. Dans ses principaux romans, *l'Espion*, *les Pionniers*, *le Pilote* et *Lionel-Lincoln*, il s'est montré un digne émule de Walter-Scott.

CRASSUS, orateur romain, dont Cicéron fait souvent l'éloge.

CRATÈS, comique grec, a le premier abandonné la comédie qui nommait la personne, II, 171.

CRATINUS, auteur comique de la vieille comédie grecque, dont les écrits ne sont pas parvenus jusqu'à nous. Il mourut vers l'an 432 avant l'ère chrétienne. — Cité par La Harpe, II, 92.

CRÉBILLON (Prosper). Notice par d'Alembert, IX, 218. — Jugement par La Harpe, avec l'examen de ses ouvrages, et des citations, 256.

CRÉBILLON (Claude). Notice par Taviand, IX, 386. — Jugement par La Harpe, 389.

CRETIN, ou plutôt CRESTIN (Guillaume DUBOIS, dit), né à Paris vers la fin du XVe siècle, mort vers 1525, a publié douze livres de *Chronique* en vers français; *Chants royaux*; *Oraisons*, et autres petits *Traités*. — Espèce de vers dont il se servait, XVIII, 405.

CRÉVIER. Notice par Taviand, IX, 391.

CRITIAS, orateur grec, disciple de Socrate, mourut l'an 400 avant J.-C. — Cité par Cicéron, X, 309.

CRITIQUE, par Marmontel, IX, 393; par Blair, 430.

CRUDELI, poète italien. — *Voy.* un sonnet de cet auteur, tom. I., p. 247.

CTÉSIAS. Notice, IX, 431.

CUDWORTH (Rodolphe), né dans le canton de Sommerset en 1617, mort en 1688, a publié différents *Traités philosophiques*. Le *Traité de l'Amour de Dieu* a été traduit en français par Coste.

CUMBERLAND (Richard), littérateur anglais, arrière petit-fils de l'évêque de Péterboroug, et petit-fils du savant Richard Bentley, naquit à Cambridge le 19 février 1732, et mourut le 7 mai 1811. On a de lui des œuvres de théologie, des poèmes, des romans, des comédies qui eurent beaucoup de succès, entre autres, *le Conte d'été*, *les Frères et l'Américain*, et des tragédies, dont la meilleure est *la Carmelite*. — Walter-Scott a donné dans la *Biographie littéraire des Romanciers célèbres*, une notice assez étendue sur Cumberland, et l'a terminée par le catalogue des ouvrages de cet auteur, extrait des *Mémoires* qu'il avait lui-même publiés sur sa vie, en 2 vol. in-4.

CUVIER. Notice, IX, 432. — *Voy.* dans le *Répertoire* son jugement sur Pline l'Ancien.

CYPRIEN (Saint). Notice, IX, 434. — Jugements, par Lombert, 437; par Fénelon, 439; par La Harpe, XVII, 440.

CYRILLE (Saint). Notice, IX, 440.

D

DACIER. Notice, IX, 442. — Apprécié par Marmontel, XXII, 208.

DACIER (Anne LEFÈVRE). Notice, IX, 444. — Jugement par Voltaire, 447. — Citée par La Harpe, XV, 315.

DACTYLE, par Marmontel, IX, 448.

DALINVAL. *Voy*. ALINVAL.

DANCHET. Notice, IX, 449.

DANCOURT. Notice, IX, 451. — Jugements, par La Harpe, 454, par Palissot, 455.

DANIEL. Notice, IX, 456. — Jugements, par La Harpe, 458; par d'Aguesseau (parallèle de Daniel et de Mézeray), *Ibid.*

DANTE. Notice par Taviand, IX, 459. — Jugements, par Ginguené, 465; par Lemercier, 469; par La Harpe. XVII, 445. — Morceaux choisis (traduction de Le Clerc), 472.

DARU. Notice, X, 1.

DARWIN. Notice, X, 2, — Jugements, par Suard, 3; par Michaud, 4. — Morceaux choisis, 10.

DAUNOU. Notice, X, 17. — Jugement par La Harpe, V, 87. — *Voy.* dans le *Répertoire* son jugement sur Thucydide.

DAVILA. Notice, X, 18. — Jugement par Ginguené, 20.

DÉCLAMATION ORATOIRE, par Marmontel, X, 22.

DÉCLAMATION (Rhétorique), par Marmontel, X, 32.

DÉCLAMATION THÉATRALE, par Marmontel, X, 37.

DÉCORATION, par Marmontel, X, 66.

DÉFINITION, par Marmontel, X, 74.

DELALOT (CHARLES), né à Châlons-sur-Marne en 1772, a donné un grand nombre d'articles de critique littéraire dans le *Mercure de France* et dans le *Journal des Débats*. — *Voy.* dans le *Répertoire* ses jugements sur Bernis, Chaulieu, Sterne.

DELAVIGNE. Notice, X, 86. — Jugement par Tissot, avec l'examen de ses ouvrages, 87. — Morceaux choisis, 100.

DÉLIBÉRATIF, par Marmontel, X, 114.

DÉLICATESSE, par Marmontel, X, 130.

DELILLE. Notice par Amar, X, 135. — Jugements, par Chénier, 164; par Dussault, 171; par Feletz, 180; par Duviquet, avec l'examen de ses ouvrages et des citations, 191; par Marmontel, XXVIII, 48; par La Harpe, XXIV, 385. — Morceaux choisis, X, 240. — *Voy.* dans le *Répertoire* ses jugements, sur Arioste, Barthelemy, Bernis, Rapin, Thompson, Virgile.

DELISLE DE LA DREVETIÈRE. Notice, X, 258. — Jugement par La Harpe, 259.

DELRIEU. Notice, X, 265. — Jugement par Chénier, 266.

DÉMONSTRATIF, par Marmontel, X, 268; par La Harpe, 281.

DEMOSTHÈNE. Notice par Schoell, X, 287. — Jugements, par La Harpe (Des orateurs qui ont précédé Demosthène, et du caractère de son éloquence, 307; des diverses parties de l'invention oratoire; de la manière de raisonner oratoirement telle que l'a employée Demosthène dans la harangue pour la couronne, 314; application des mêmes principes dans la philippique, intitulée *De la Chersonèse*, 330; exemple des plus grands moyens oratoires, dans les deux harangues pour la couronne, l'une d'Eschine, l'autre de Demosthène, 365); par Maury, 396; par Marmontel, I, 306.

DEMOUSTIER. Notice, X, 401. — Jugements, par Geoffroy, 406; par Dussault, 413.

DÉNOUEMENT, par Marmontel, X, 414.

DENYS D'HALICARNASSE. Notice par Rolin, X, 428. — Jugement par La Harpe, 433.

DENYS SALLOT, premier rédacteur du *Journal des Savants.*

DESAUGIERS (M.-A.), a publié ses *Chansons* et ses *Poésies diverses*, en 3 vol in-18 et a coopéré à la composition de près de cent vaudevilles, dont la plupart ont eu du succès. — Cité à l'article chanson.

DESBORDES-VALMORE (madame), actrice de Bordeaux, a donné des *Poésies* assez estimées.

DESCARTES. Notice par Cousin, X, 441.—Jugements, par La Harpe, 450; par Thomas, 453.

DESCRIPTIF, par Marmontel, X, 466.

DESCRIPTION, par Marmontel, X, 470.

DESCURET (Jean-Baptiste-Félix), docteur en médecine et docteur ès-lettres en l'Académie de Paris, né à Châlons-sur-Saône, le 5 juin 1795, a donné sur Cornelius Nepos, un *Commentaire* latin qui fait partie de la *Collection des Classiques latins* publiée par M. Lemaire, et a recueilli et coordonné les matériaux du *Répertoire de la Littérature*, auquel il a fourni plusieurs notices et un grand nombre de notes signées F. — Cité, IX, 210.

DESFONTAINES. Notice, XI, 1.

DESFORGES. Notice, XI, 4. — Jugement par Geoffroy, 7.

DESHOULIÈRES. Notice, XI, 12.—Jugements, accompagné de citations, par La Harpe, 16; par Marmontel, XV, 415; — Morceaux choisis, XI, 27.

DESMAHIS. Notice, par Auger, XI, 31. — Jugements, par Palissot, 33; par La Harpe, 34. — Morceaux choisis, 36.

DESMARETS. — Notice, XI. 41. — Cité par Marmontel, XXII, 173, 180.

DESPORTES. — Notice XI, 44. — Jugement par La Harpe, avec citation, 46.

DESTOUCHES. Notice, par Gaillard, XI, 47. — Jugements, par Voltaire, 62; par Palissot, *ibid.*; par La Harpe, 64. — Morceaux choisis, 78.

DEVISE, par Marmontel, XI, 80.

DIALOGUE PHILOSOPHIQUE OU LITTÉRAIRE, par Marmontel, XI, 91; par Blair, 94.

DIALOGUE POÉTIQUE, par Marmontel, XI, 96.

DIDACTIQUE, par Marmontel, XI, 105.

DIDEROT. Notice (commencements de cet écrivain, XI, 111; les *Pensées philosophiques*, 122; *Lettre sur les Aveugles, à l'usage des Clairvoyants*, 165; *l'Interprétation de la Nature, et les Principes de Philosophie morale*, 184; *De l'Éducation publique*, 220; *Code de la Nature*, 254; *Vie de Sénèque*, 360; théâtre, 375), par La Harpe. — Jugement, par de Barante, 379. — *Voy.* dans le *Répertoire* son jugement sur Bayle.

DIDOT (Firmin), célèbre imprimeur et littérateur distingué, a donné une traduction en vers français des *Bucoliques* de Virgile et de plusieurs *Idylles* de Théocrite, de Bion et de Moschus. Il a publié en outre une tragédie d'*Annibal*, où l'on remarque de belles scènes, et une autre intitulée *la Reine de Portugal*. — *Voy.* les art. BION et THÉOCRITE.

DIFFUS, par Marmontel, XI, 381.

DIODORE DE SICILE. Notice, par Rollin, XI, 385.

DIOGÈNE LAERCE. Notice, par Rollin, XI, 388.

DION CASSIUS. Notice, par Rollin, XI, 389.

DIRECT, par Marmontel, XI, 391.

DISTIQUE, par Marmontel, XI, 394.

DITHYRAMBE, par Marmontel, XI, 395.

DIVISION, par Marmontel, XI, 397.

DOMAT (Jean), célèbre jurisconsulte, avocat du XVIIe siècle, naquit à Clermont en Auvergne en 1625, et mourut à Paris en 1695. Ses œuvres ont été publiées à Paris en 1695, 9 vol. in-8.

DOMERGUE (François-Urbain), membre de l'Institut, né à Aubayc en Provence en 1745, mort à Paris le 29 mai 1810, a laissé plusieurs ouvrages de grammaire fort estimés.

DORAT (Jean), *Auratus*, poète français, membre de la Pléiade française, natif du Limousin, mort en 1588, composa, suivant Scaliger, plus de cinquante mille vers grecs et latins. Charles IX créa pour lui la place de poète royal. Ses *Poésies* ont été réunies en 2 vol. in-8, Paris, 1586. — Cité par La Harpe, XXIV, 362.

DORAT. Notice, par Taviand, XI, 405. — Jugements, par La Harpe, 411; par Palissot, 416. — Morceaux choisis, 417.

DRAME, par Marmontel, XI, 422; par La Harpe, 435.

DRYDEN. Notice, XI, 438. Jugement, par Suard, 442. — Cité par Marmontel, XXII, 164. — Morceaux choisis, XI, 446.

DU BARTAS. Notice, XI, 452. — Jugement par La Harpe, 453.

DU BELLAY. Notice, par Auger, XII, 1. — Jugement par La Harpe, XXIV, 362. — Son *Ode à Vénus* citée par Marmontel, I, 864.

DUBOS (l'abbé), secrétaire perpétuel de l'Académie-Française, né à Beauvais en 1670, mort à Paris en 1742. On lui doit des *Réflexions critiques sur la Poésie et sur la Peinture*, et une *Histoire critique de l'Etablissement de la Monarchie française dans les Gaules*. — Apprécié par La Harpe, XV, 280.

DU CERCEAU. Notice, XII, 3. — Jugement, par J.-B. Rousseau, 5. — Morceaux choisis, *ibid.*

DUCHÉ DE VANCY. Notice par Auger, XII, 13. — Jugement, avec des citations, par La Harpe, 15.

DUCIS. Notice, XII, 29. —Jugements, par Chénier, 38; par Campenon, 41; par de Fontanes, 51. — Morceaux choisis, 54. — *Voy.* dans le *Répertoire* le portrait qu'il a fait de Collin-d'Harleville.

DUCLOS. Notice, XII, 59. — Jugements, par La Harpe, 63; par de Fontanes, 74; par de Barante, 81.

DUCRAY-DUMINIL (FRANÇOIS-GUILLAUME), l'un de nos plus féconds romanciers, membre de plusieurs Sociétés savantes, naquit en 1761, et mourut à Ville-d'Avray en 1819. Il a composé quelques pièces de théâtre, et un grand nombre de romans, dont nous n'indiquerons que les principaux : *Lolotte et Fanfan*, 1787, 4 vol. in-12; *Alexis ou la Maisonnette dans les bois*, 1790, 4 vol. in-12; *le petit Jacques et Georgette*, 1791, 4 vol. in-12; *les Soirées de la Chaumière*, 1794, 4 vol. in-18; *Victor, ou l'Enfant de la forêt*, 1796, 4 vol. in-12; *Cœlina, ou l'Enfant du mystère*, 1798, 5 vol. in-12; *les Veillées de ma Grand'Mère*, 1799, 2 vol. in-18; *Contes moraux de ma Grand'Tante*, faisant suite aux *Veillées*, 1799, 2 vol in-18; *les petits Orphelins du Hameau*, 1800, 4 vol. in-12; *les cinquante francs de Jeannette*, 1799, 2 vol. in-12; *les Déjeûners champêtres de mon cher oncle*, faisant suite aux *Contes moraux*, 1800, 2 vol. in-18; *Paul, ou la Ferme abandonnée*, 1802, 4 vol. in-12; *les Journées au village*, 1814, 8 vol. in-18; *Elmonde, ou la Fille de l'hospice*, 1804, 5 vol. 12; *Jules, ou le Toit paternel; le Petit Carillonneur*, 1809, 4 vol. in-12; *Émilie, ou les Veil-*

lées de mon Grand'Père, 1811, 4 vol. 18; *Madame de Valnoire, ou l'École des familles*, 1813, 4 vol. in-12; *la Fontaine de Sainte-Catherine*, 1813, 4 vol. in-12, *l'Hermitage de Saint-Jacques, ou Dieu, le Roi et la Patrie*, 1814, 4 vol. in-12; *Jean et Jeannette, ou les Aventuriers parisiens*, 1816; 4 vol. in-12. Tous ces romans ont eu un succès populaire : le style en est très négligé, et ils sont parsemés de détails puérils et de petits incidents qui tiennent souvent de la niaiscrie : on ne peut cependant pas leur refuser beaucoup de naturel, de l'imagination et de la sensibilité.

DUFRÉNOY (madame). Notice, XII, 83. — Jugement, avec des citations, par Dussault, *ibid*.

DUFRESNY. Notice, XII, 93. — Jugements, par La Harpe, 96; par Palissot, 99; par Marmontel, VI, 26.

DUGUET. Notice, par de Brotone, XII, 100. — Jugement, accompagné de citations, par La Harpe, 104.

DU JARRY (l'abbé), a remporté le prix de poésie à l'Académie-Française, en 1724, contre Voltaire.

DULAURENS, né à Douai en 1719, mort en 1797, poursuivi d'abord pour avoir fait une satire, sous le titre de *Jésuitiques*, contre le parlement de Paris, fut ensuite condamné à une prison perpétuelle, comme ayant publié des ouvrages irréligieux, tels que *le Compère Mathieu, le Balai, l'Observateur des Spectacles, la Thérésiade*.

DU MARSAIS. Notice, par de Brotone, XII, 119. — Jugement, par d'Alembert, 124.

DUNOYER (madame), a laissé des lettres qui excitent la curiosité par les anecdotes nombreuses qu'elles contiennent.

DUO, par Marmontel, XII, 130.

DUPATY. Notice, XII, 134. — Jugement, par La Harpe, 135.

DUPATY (Emmanuel), second fils du président, chevalier de la Légion-d'Honneur, a donné sur différents théâtres de la capitale une foule de pièces qui ont eu la plupart un très grand succès. Son ouvrage le plus remarquable est le poème des *Délateurs*.

DUPIN (Louis-Ellies), docteur de Sorbonne, professeur de philosophie au Collège royal de France, naquit en 1657 en Normandie, et mourut en 1619. Le plus important de ses nombreux ouvrages est sa *Nouvelle Bibliothèque des Auteurs ecclésiastiques, contenant l'histoire de leur vie, le catalogue, la critique, la chronologie de leurs ouvrages*; Paris, 58 vol. in-8, réimprimé en Hollande en 19 vol. in-4.

DUPLESSIS (l'abbé), beau mouvement de ce missionnaire. — Cité par Marmontel, VI, 454.

DURFEY (Thomas), poète burlesque anglais, né à Exeter en 1628, mort en 1723, a composé des chansons et des pièces de théâtre. Ses ballades sont imprimées sous le titre de *Pilules contre la Mélancolie*.

DU ROULET (le bailli), mort au mois d'août 1786, s'est fait connaître par les drames lyriques d'*Iphigénie en Aulide* et d'*Alceste*, musique de Gluck Son opéra d'*Alceste* est imité de celui du poète italien Calsabigi. — *Voy.* opéra, XX, 356 et suivantes.

DU RYER. Notice, XII, 136. — Jugement, par La Harpe, 138. — Cité par Marmontel, XXII, 207.

DUSAULX, de l'Académie des Inscriptions, a donné la meilleure traduction de Juvénal. — Cité par La Harpe, XV, 7.

DUSSAULT. Notice, par Feletz, XII, 143. — *Voy*. dans le *Répertoire* ses jugements sur d'Alembert, Balzac, Bossuet, Camoëns, Chateaubriand, Delille, La Harpe, Maury et autres.

DUTRAMBLAY. — Notice, XII, 150. — Fables choisies, 151.

DUVAL. Notice, XII, 153. — Jugements, par Patin, 155, par Geoffroy, 161. — Morceaux choisis, 171.

DUVIQUET (Pierre), né à Clamecy (Nièvre), le 30 novembre 1765, rédacteur de la partie dramatique dans le *Journal des Débats*, professeur agrégé de de l'ancienne et de la nouvelle université, publie en ce moment un *Commentaire* latin sur Horace, et donne une nouvelle édition, avec des jugements et des notes, des *OEuvres complètes* de Marivaux. Il a donné, dans le *Répertoire*, des jugements sur Delille, La Harpe, madame de Staël, et un article sur le romantisme.

E

ÉCOLE, par Marmontel, XII, 180.
ÉGLOGUE, par Marmontel, XII, 189.
ÉLÉGANCE, par Marmontel, XII, 204.
ÉLÉGIAQUE, par Marmontel, XII, 209.
ÉLÉGIE, par Marmontel, XII, 213.

ÉLIE DE BEAUMONT (Jean), avocat, né à Carantan en 1732, mort à Paris en 1785, s'est fait une célébrité par son *Mémoire pour les malheureux Calas*.

ÉLIE DE BEAUMONT (Anne-Louise MORIN-DUMÉNIL), femme du célèbre avocat de ce nom, née en 1729 à Caen, morte en 1783, est connue comme auteur des *Lettres du marquis de Roselle*, 1764, 2 vol. in-12 ; et de la III͏ᵉ partie des *Anecdotes de la cour et du règne d'Édouard II, roi d'Angleterre*, 1776, in-12 (les deux premières parties sont de madame de Tencin). « Parmi les bons ouvrages que le sexe a produit de « nos jours, dit La Harpe, les *Lettres du marquis de* « *Roselle* doivent tenir un rang distingué. Le but mo-« ral est de la plus grande utilité, et ce roman est du « petit nombre de ceux qu'on peut mettre sans crainte « entre les mains des jeunes demoiselles : l'honnêteté « y est toujours aimable, et le vice n'y est jamais con-« tagieux. Le style est plein de douceur et de goût. La « seconde partie sur-tout est d'un intérêt attendrissant, « et l'ouvrage, en général, est d'une belle plume con-« duite par une belle âme. »

ÉLIEN. Notice par Rollin, XII, 227.

ÉLISÉE (Jean-François COPEL, dit le Père), célèbre prédicateur du XVIII͏ᵉ siècle, né à Besançon en 1726, mourut à Pontarlier en 1783. Ses *Sermons* et ses *Panégyriques* ont été publiés avec une notice sur sa vie, par le P. Césaire, Paris, 1784-1786, 4 vol. in-12, traduits en allemand et en espagnol. Les morceaux les plus estimés de cet auteur sont ses *Sermons sur la fausseté de la probité sans la Religion; sur la Vie religieuse; sur les Afflictions; sur la Mort;* un *Panégyrique de saint Louis*, et les *Oraisons funèbres du grand Condé, de Stanislas I͏ᵉʳ, roi de Pologne*, et *du Dauphin, père de Louis XVI*.

ÉLOQUENCE, par Marmontel, XII, 228 ; par Voltaire, 253.

ÉLOQUENCE POÉTIQUE, avec des citations, par Marmontel, XII, 264.

EMBLÊME, par Marmontel, XII, 277.

ENCYCLOPÉDIE. — De l'*Encyclopédie* et de d'Alembert, par Marmontel, XII, 281.

ÉNIGME et LOGOGRIPHE, avec des citations, par Marmontel, 325.

ENNIUS. Notice par Rollin, XII, 336. Cité par La Harpe, à l'article PLAUTE.

ENTHOUSIASME, par Marmontel, XII, 338.

ENTR'ACTE, par Marmontel, XII, 347.

ÉPHORE, historien, de Cumes en Éolie, vivait vers l'an 352 avant J.-C. Il composa une *Histoire* dont on regrette la perte. — Cité par Marmontel, XV, 259.

ÉPICHARME. Notice par Schoell, XII, 351.

ÉPICTÈTE. Notice par Rollin, XII, 352.

ÉPICURE, né à Gargetium, dans l'Attique, l'an 342, mort vers l'an 270 avant J.-C., est sur-tout connu par son système des atomes. Son *Traité sur la Nature des choses* a été découvert dans les fouilles d'Herculanum. — Cité, XVIII, 155, 162.

ÉPIGRAMME, par Marmontel, avec des citations, XII, 357; par Voltaire, avec des citations, 365.

ÉPITAPHE, par Marmontel, XII, 368.

ÉPITHÈTE, par Marmontel, XII, 372.

ÉPITRE, par Marmontel, XII, 382.

ÉPITRE DÉDICATOIRE, par Marmontel, XII, 392.

ÉPOPÉE, par Marmontel, XII, 392.

ÉRARD, célèbre avocat sous Louis XIV, est auteur des *Mémoires pour la duchesse de Mazarin*, imprimés dans les *OEuvres de St-Évremont*, XXV, 349.

ÉRASME. Notice, XII, 425. — Apprécié par La

Harpe, XVII, 447. — *Voy.* dans le *Répertoire* le jugement qu'il a porté sur saint Ambroise.

ERSKINE. Notice, XII, 431.

ESCHINE. Notice par Schoell, XII, 435.—Cité, par Marmontel, XVI, 78; par La Harpe, X, 365, 394.

ESCHYLE. Notice; XII, 438.—Jugements, par Barthelemy, 439; par La Harpe, 452; par Patin, 484; par Schlegel, 489, par Marmontel, XIII, 140.—Morceaux choisis (traduction de Dutheil, Legouvé, Delavigne), XII, 493.

ESMÉNARD. Notice, XIII, 1. — Jugement par Feletz, 4. — Morceaux choisis, 15.

ÉSOPE. Notice par Schoell, XIII, 18.—Jugements, par La Harpe, 21; par Fribault, 22; par Marmontel, 163.

ESQUISSE, par Marmontel, XIII, 23.

ÉTIENNE. Notice, XIII, 26. — Jugements, par Geoffroy, 30; par Dussault, avec des citations, 38. — *Voy.* dans le *Répertoire* son article COMÉDIE.

EUPOLIS, poète comique de la vieille comédie, était d'Athènes et florissait vers l'an 440 avant J.-C. Ses pièces ne sont point parvenues jusqu'à nous, II, 92.

EURIPIDE. Notice par La Harpe, XIII, 56.—Jugements, par Barthelemy, 57; par La Harpe, avec l'analyse de ses pièces, 65; par Schlegel, 111. — Cité par Marmontel, XVI, 4. — Morceaux choisis (traduction de Delavigne, de Geoffroy), XIII, 115.

EXORDE, par Marmontel, XIII, 121.

EXPOSITION, par Marmontel, XIII, 138.

EXTRAIT, par Marmontel, XIII, 146.

F

FABIUS PICTOR, le premier des Romains qui écrivit l'histoire de sa patrie, vivait vers l'an 216 avant J.-C. Il ne nous reste rien de lui, XV, 258.

FABLE, par Marmontel, XIII, 156.

FABLE (composition poétique), par Marmontel, XIII, 177.

FABRE D'ÉGLANTINE. Notice, XIII, 181. — Jugement par La Harpe, 184.

FABRE (Marie-J.-J.-Victorin), né en 1785 à Vals (Ardèche), a donné en 1804 l'*Éloge de Montaigne* ; en 1805 celui de *Boileau* ; en 1807 un *Discours* en vers *sur les Voyages*, qui obtint un prix extraordinaire ; en 1808 l'*Éloge de Corneille*, et en 1810 celui *de La Bruyère*, tous deux couronnés par l'Institut. On lui doit encore des *Opuscules* en vers et en prose ; *la Mort d'Henri* IV, poème, et le *Tableau de la Littérature du XVIIIe siècle*. — *Voy*. son jugement sur Corneille.

FABRICIUS (Jean-Albert), laborieux et savant bibliographe, né à Leipzick en 1668, mort à Hambourg en 1736, a laissé cent vingt-huit ouvrages dont on peut voir la liste dans Niceron. Sa *Bibliothèque latine*, et sur-tout sa *Bibliothèque grecque*, Hambourg 1705-1728, 14 vol. in-4., réimprimées avec des améliorations en 1790, 1812, lui valurent les surnoms de *Museum Græciæ* et de *Thesaurus eruditionis*.

FAERNE (Gabriel), poète latin, né à Crémone, mort en 1561, doit sa célébrité à un recueil de *Fables* en vers latins, traduit par Perrault et par Denyse. La plus belle édition des *Fables* de Faerne est celle de 1793, in-4. On doit encore à Faerne deux livres de *Corrections sur les Philippiques* et les autres harangues de Cicéron, et un *Commentaire sur Térence*, 1565, in-8, Paris, 1602, in-4.

FAGAN. Notice, XIII, 254. — Jugement par La Harpe, 255.

FAMILIER, par Marmontel, XIII, 257.

FARCE, par Marmontel, XIII, 264.

FAVARD. Notice, XIII, 272. — Jugement, accompagné de citations, par La Harpe, 275.

FAVIER (Jean-Baptiste), professeur au Collège royal de Charlemagne, né à Orange (Vaucluse), le 29 juin 1795, a donné dans le *Répertoire* les notices sur Mallebranche, Mascaron, Maury, Milton, Mirabeau, Palissot, Pascal, Perrault, J.-J. Rousseau, Saint-Lambert, madame de Staël et Voltaire.

FELETZ (Charles-Marie DORIMONT de), membre de l'Académie-Française, né en 1767 à Brives-la-Gaillarde, est l'un des rédacteurs du *Journal des Débats*. — *Voy.* ses notices sur de Bausset, Dussault et ses jugements sur Campenon, Cervantes, Delille, Esménard et Geoffroy.

FELLER (François), né à Bruxelles en 1735, mort en 1802, publia d'abord un journal historique et littéraire, depuis 1774 jusqu'à 1794, et donna ensuite sous son nom trois éditions du *Dictionnaire historique de Vosgien*. La dernière a paru depuis sa mort, en 8 vol. — *Voy.* dans le *Répertoire* ses notices sur La Harpe, Locke, Rabelais, Tertullien, etc., et son jugement sur l'abbé Guénée.

FENELON. Notice par La Harpe, XII, 343. — Jugements, par le même, 363; par Maury, 383; par Villemain, 391; par Marmontel, XV, 161. — Morceaux choisis, XIII, 400. — *Voy.* dans le *Répertoire* ses jugements sur saint Ambroise, saint Basile, saint Cyprien, Longin, Molière, Tertullien et autres.

FENOUILLOT. Notice, XIII, 422. — Jugement par Geoffroy, 423.

FERRAND (Antoine), poète français, mort en 1719, excellait dans les *Chansons galantes*. La plupart ont été recueillies sous le titre de *Pièces libres*, 1747, in-8. — Cité par La Harpe, XIV, 189.

FICTION, par Marmontel, XIII, 427.

FIELDING. Notice, XIII, 446. — Jugement par La Harpe, 449.

FIGURES, par Marmontel, XIII, 451; par La Harpe, avec des exemples, 456, et XXIII, 142, 177.

FINESSE, par Marmontel, XIII, 470.

FLAHAUT. — *Voy.* SOUZA.

FLÉCHIER. Notice par d'Alembert, XIV, 1. — Jugements, par Rollin, 15; par Thomas, 18; par La Harpe, 29; par Marmontel, XV, 154.—Morceaux choisis, XIV, 45.

FLEURY. Notice, XIV, 49. —Jugements, par d'Alembert, 51; par La Harpe, 56.

FLORIAN. Notice, XIV, 58. — Jugement par La Harpe (*Gonzalve de Cordoue*, 63; *les Nouvelles nouvelles*, 80; *Fables*, 91; *Théâtre*, 105). — Morceaux choisis, 107.

FLORUS. Notice par Rollin, XIV, 124. — Jugement par La Harpe, 125.

FONTAINES (madame DE), morte en 1730, est auteur de deux romans : *la Comtesse de Savoie*, et *Aménophis, prince de Lybie*. « Le premier, dit La Harpe, « est un ouvrage plein d'intérêt, dont Voltaire paraît « avoir tiré le sujet de *Tancrède*. »

FONTANES. Notice, XIV, 125. —Jugements, par Palissot, 129; par Dussault, 132; par Villemain, 133. — Morceaux choisis, 134. — *Voy.* dans le *Répertoire* ses jugements sur Apollonius, Barthelemy, Ducis, Horace, Lucrèce, Pope et autres.

FONTENELLE. Notice, XIV, 148. — Jugements, par Thomas, 155 ; par La Harpe, 157 ; par Garat, 189; par Marmontel, I, 121. — Morceaux choisis, XIV, 191. —*Voy*. dans le *Répertoire* sa notice sur Corneille et ses jugements sur Aristophane, Bion, Corneille.

FORTUNAT. Notice par Le Clerc, XIV, 198.

FOX. Notice, XIV, 207. — Jugement par Théry, 209. — Morceaux choisis, 211.

FRACASTOR (Jérôme), né à Vérone en 1483, mort en 1553, a composé un poème latin intitulé *Syphili, sive de Morbo gallico*, où il a fait revivre l'élégance de l'antique latinité. Vérone, 1530 in-8. Macquer et Lacombe en ont donné une traduction en français, 1753, in-12. — Apprécié par La Harpe, XVII, 447.

FRANÇOIS DE SALES (saint), né au château de Sales, diocèse de Genève, le 21 août 1567, fit ses premières études à Paris, et son cours de droit à Padoue. Il édifia ces deux villes par sa piété aussi douce que tendre. Il fut d'abord avocat à Chambéry, puis prévôt d'Annecy, ensuite évêque de Genève, après la mort de Claude Garnier son oncle, en 1602. Son zèle pour la conversion des zuingliens et des calvinistes avait éclaté avant son épiscopat; il ne fut que plus ardent après. Ses succès répondirent à ses travaux. Il avait gagné à l'Église plus de 70 mille hérétiques, depuis 1592 jusqu'en 1602 qu'il fut évêque. Il serait difficile de faire un détail exact de ceux qu'il ramena au bercail, depuis 1602 jusqu'à sa mort. Le cardinal du Perron disait, « qu'il n'y avait point d'hérétique qu'il ne « pût convaincre, mais qu'il fallait s'adresser à l'évê- « que de Genève pour les convertir. » Un jour nouveau brilla sur le diocèse de Genève, dès qu'il en eut pris possession. Il fit fleurir la science et la piété dans le clergé séculier et régulier. Il institua, l'an 1610, l'ordre de la Visitation, dont la baronne de Chantal, qu'il avait détrompée des faux charmes du monde, fut la première supérieure. Il voulut qu'on y admît les filles d'un tempérament délicat, et même les infirmes, qui ne peuvent se placer dans le monde, ni dans les cloîtres austères. Cette congrégation fut érigée en titre d'ordre et de religion, l'an 1618, par le pape Paul V. Sur la fin de cette même année, François fut obligé de se rendre à Paris avec le cardinal de Savoie, pour conclure le mariage du prince de Piémont avec Christine de France. Cette princesse le choisit pour son aumônier ; le saint évêque qui avait déjà refusé un évêché en France, et qui refusa vers le même temps la coadjutorerie de l'évêché de Paris, ne voulut accepter cette place qu'à condition qu'elle ne l'empêcherait point de résider dans son diocèse pour lequel il soupirait. Il y retourna le plutôt qu'il put, et continua d'y vivre en pasteur digne des premiers siècles de l'Église. L'an 1622, ayant eu ordre de se rendre à Lyon, où le duc de Savoie devait voir Louis XIII, il fut frappé d'apoplexie le 27 décembre, et mourut le lendemain, à 56 ans. Saint François de Sales était une de ces âmes tendres et sublimes, nées pour la vertu et pour la piété, et destinées par le ciel à inspirer l'une et l'autre. On remarque ce caractère dans tous ses écrits : la candeur, l'onction qu'ils respirent, les rend délicieux même à ceux que les lectures de piété ennuient le plus. Les principaux sont : 1° *Introduction à la Vie dévote*. Le but de ce livre était de montrer que la dévotion n'était pas seulement faite pour les cloîtres, mais qu'elle pouvait être dans le monde, et s'y accorder avec les obligations de la vie civile et séculière. Il fit des fruits merveilleux à la cour de France et à celle de Piémont. 2° Un *Traité de l'Amour de Dieu*, mis dans un nouvel ordre par le P. Fellon, jésuite, en 3 vol., et abrégé en un seul par l'abbé Tricalet. 3° Des *Lettres spirituelles*, et d'autres ouvrages de piété, recueillis en 2 vol. in-fol. Saint François de Sales y paraît un des mystiques les plus judicieux de ces derniers temps. Les lecteurs qui voudront connaître plus en détail ses ouvrages et ses vertus, peuvent lire sa Vie élégamment écrite par l'abbé Marsollier en 2 vol., et son *Esprit*, par Le Camus, évêque de Bellay, son intime ami. Ce dernier livre, insipidement prolixe, a été réduit par M. Collot, docteur de Sorbonne, à un vol. in-8., plusieurs fois réimprimés. (Feller, *Dict. Hist.*) La meilleure édition des *OEuvres de saint François de Sales* est celle qui a été publiée à Paris, 1821, 16 vol. in-8.

FRANKLIN (Benjamin), né à Boston en 1706, mort en 1790, a laissé des ouvrages de physique qui ont été traduits dans toutes les langues et des *Lettres*. *La Science du bonhomme Richard* est du même auteur. — Vers que Turgot a fait pour son portrait, XVII, 14.

FRA-PAOLO pseudonyme de *Sarpi*. — *Voy.* ce mot.

FRAYSSINOUS (Denis), évêque d'Hermopolis, premier aumônier du roi, pair de France, ministre des affaires ecclésiastiques et de l'instruction publique, membre de l'Académie-Française, s'est fait une grande réputation par ses conférences qu'il a publiées sous le titre de : *Défense du Christianisme ou Conférences sur la Religion*, Paris 1825, 4 vol. in-8. et in-12.

FRÉDÉRIC II, roi de Prusse, né en 1712, mort en 1786, a laissé différents ouvrages, qui réunis forment

24 vol. in-8., Postdam, 1805. — Cité, XXVIII, 354.

FREINSHEM, en latin FREINSHEMIUS, savant littérateur allemand, né à Ulm en 1608, mort à Heidelberg en 1660. On lui doit *De calido Potu Dissertatio*, 1636, in-8 ; *Orationes cum quibusdam declamationibus*, 1662, et des *Suppléments* à Quinte-Curce et à Tite-Live. Il a sur-tout rempli avec un rare talent les lacunes de l'historien d'Alexandre.

FRÉRON. Notice, XIV, 219.

FUZELIER. Notice, XIV, 225. — Jugement par La Harpe, 226.

G

GABRIAS. *Voy*. BABRIAS.

GAIL (Jean-Baptiste), membre de l'Académie des Inscriptions et Belles-Lettres, professeur de littérature grecque au Collège royal de France, né à Paris le 4 juillet 1755, s'est fait connaître avantageusement par ses nombreuses traductions d'auteurs grecs. — *Voy*. dans notre *Répertoire* son jugement sur Anacréon.

GAILLARD (Alexandre-Théodore), ancien élève de l'école normale, professeur de rhétorique au Collège royal de Charlemagne, est né à Paris le 24 mars 1793. Il a publié une traduction fort estimée du *De Oratore*, qui fait partie de la traduction complète des œuvres de Cicéron donnée par M. Le Clerc. M. Gaillard a donné dans le *Répertoire* les notices sur Cicéron et Destouches.

GALILÉE, célèbre astronome, né à Florence en 1564, mort en 1641, publia en 1632 son *Dialogue sur les Systèmes de Ptolémée et de Copernic* dans lequel il entreprit de prouver que le soleil était immobile et que c'était la terre qui tournait autour du soleil. Ses œuvres ont été recueillies à Florence en 1718, 3 vol. in-4. — Apprécié par La Harpe, XVII, 454.

GALLET, mort à Paris en 1757, a donné au théâtre de l'Opéra-Comique, *la Précaution inutile*, *le Prêt rendu* et *les Coffres*.

GALLUS, poète latin, natif de Fréjus, se tua l'an 26 de J.-C. — Apprécié, par La Harpe, XXVII, 450; par Quintilien, *ibid.*

GARAT (Dominique-Joseph comte), né à Ultaritz dans le pays des Basques, vers 1760, a publié les *Éloges de l'Hospital, de Suger, de Montausier, de Fontenelle*, et des *Mémoires sur M. Suard*. — *Voy.* dans notre *Répertoire* son portrait de saint Bernard et son jugement sur Fontenelle.

GARNIER. Notice, XIV, 233. — Jugement par La Harpe, IX, 45.

GAY. Notice par Joly, XIV, 234. — Fables choisies, 241.

GENEST. Notice par Auger, XIV, 251.

GÉNIE, par Marmontel, XIV, 253.

GENLIS (comtesse de). Notice, XIV, 259. — Jugements, par Palissot, 264; par Chénier, 265.

GEOFFROY, Notice par Laugier, XIV, 269. — Jugement par Feletz, 273. — *Voy.* dans le *Répertoire* ses jugements sur Chateaubriand, Collé, Demoustier, Duval, Étienne et autres.

GESSNER. Notice par Lemonnier, XIV, 276. — Apprécié par Marmontel, XV, 415.

GIBBON, Notice, XIV, 284. — Jugements, par Dussault, 288; par Guizot, 292.

GILBERT (Gabriel), poète dramatique, né à Paris, mort en 1675, a fait une tragédie de *Rodogune* après Corneille, et une *Mérope*, XXIX, 399.

GILBERT (Nicolas). Notice par Amar, XIV, 294.— Jugements, par La Harpe, 300 ; par Patin, 329 ; par Marmontel, à l'art. satire. — Morceaux choisis, 329.

GINGUENÉ. Notice par Laugier, XIV, 337. —*Voy*. dans le *Répertoire* ses jugements sur Arioste, Bocace, Dante, Davila, Goldoni et autres.

GIRALDI (Grégoire), né à Ferrare en 1478, mort en 1552, est auteur d'une *Histoire des Poètes* estimée.

GLEIM, poète lyrique, surnommé le Tyrtée de son pays, mort à Halberstadt en 1803, célébra les victoires de Frédéric-le-Grand, roi de Prusse. — Apprécié par Marmontel, XVIII, 190.

GOETHE. Notice, XIV, 344. — Jugement par madame de Staël, 346.

GOLDONI. Notice, par Taviand, XIV, 347. — Jugement par Ginguené, 355.

GOLDSMITH. Notice, XIV, 361. — Morceaux choisis, 366.

GOMBAUT (Ogier de), l'un des premiers membres de l'Académie-Française, né à St.-Just-de-Lussac, mort en 1666, a été fort vanté de son temps par Boileau. On lui doit des *Épigrammes*, et les tragédies d'*Aconce*, de *Cydipe*, et des *Danaïdes*. « Il fut plutôt, dit La Harpe, un écrivain ingénieux qu'un poète. »

GOMBERVILLE (sieur de), né à Chevreuse en 1599, mort à Paris en 1674, membre de l'Académie-Française, a donné trois romans, *Polexandre, la Cythérée, la Jeune Alcidiane*. Ses poésies sont estimées. — Cité par La Harpe, XXIV, 272.

GORGIAS LE LÉONTIN, orateur célèbre, — Ce qu'en pensait Cicéron, X, 310.

GOSSE, a donné entre autres ouvrages *le Médisant*, comédie en trois actes et en vers, représentée avec un grand succès au Théâtre-Français en 1816; *le Flatteur*, comédie en cinq actes et en vers jouée en 1820; et un recueil de *Fables*, 1 vol. in-12, 1818. On a souvent cité sa petite fable intitulée : *l'Arbre exotique*, qui fait allusion aux malheurs d'un exilé :

> Ton écorce n'a plus d'odeur;
> Ta feuille, hélas! paraît flétrie :
> Bel arbre, d'où vient ta langueur?
> — Je ne suis plus dans ma patrie.

GOURVILLE (Jean, sieur de), né à La Rochefoucauld en 1625, mort à Paris en 1703, est auteur de *Mémoires depuis 1642 jusqu'en 1698*; 1720, in-12. Ce qu'on en doit penser, XIX, 116.

GOUT, par Marmontel, XIV, 374.

GRACIEUX, par Marmontel, XIV, 453.

GRAFFIGNY (madame de). Notice, XIV, 454.

GRAVE, par Marmontel, XIV, 456.

GRAVINA, né dans la Calabre en 1664, mort à Rome en 1718, était membre de l'Académie des Arcades de cette ville. La meilleure édition de ses *OEuvres* est celle de Mascovius. On estime principalement les trois livres *De l'Origine du Droit*. Cité par Marmontel, XXII, 210.

GRAY. Notice, XIV, 457. — Morceau choisi (traduction de M.-J. Chénier), 460. — Cité par Marmontel, XVIII, 199.

GRÉCOURT (Jean-Baptiste WILLART de), né à

Tours en 1683, mort dans cette ville en 1743. Ses *Poésies* ont été publiées en 1747, 2 vol.

GRÉGOIRE DE NAZIANZE. Notice, XIV, 464, — Apprécié par La Harpe, XVII, 440.

GRÉGOIRE DE TOURS. Notice par de Brotone, XIV, 468.

GRESSET. Notice, XV, 1. — Jugements, par J.-B. Rousseau, 11; par Palissot, 12; par Lemercier, 13; par La Harpe, 14. — Morceaux choisis, 46.

GRIMM. Notice par de Brotone, XV, 71.

GUARINI. Notice, XV, 75.

GUÉNARD. Notice, avec des citations, par Bochard, XV, 80.

GUÉNAUD DE MONTBÉLIARD, né à Sémur en 1720, mort en 1785, fut élève de Buffon et son digne continuateur dans l'*Histoire naturelle des Oiseaux*.

GUÉNÉE. Notice par Feller, XV, 92.

GUERLE (DE), à qui l'on doit la meilleure traduction en prose de Virgile, 2 vol. in-8., 1825, a traduit en vers, d'une manière fort remarquable, le poème de Pétrone sur la guerre civile. — *Voy.* les fragments que nous en avons cités à l'article PÉTRONNE; et son jugement sur Stace.

GUEROULT (BERNARD), directeur de l'ancienne école normale, mort le 11 novembre 1821, a donné une traduction très estimée des *Morceaux extraits de l'Histoire naturelle de Pline*, in-8; *Histoire naturelle des Animaux de Pline*, 3 vol. in-8.; une *Grammaire française* et une *Grammaire latine* très-souvent réimprimées; enfin il a traduit, ainsi que son frère, un grand nombre de discours de Cicéron, dont plusieurs ont été imprimés dans la traduction complète donnée par M. Le Clerc. *Voy.* la note de M. Patin, XII, 16.

GUICCIARDINI. *Voy.* GUICHARDIN.

GUICHARD (Jean-François), né à Chartrelle près Melun, le 5 mai 1731, mourut le 23 février 1811. Il a donné quelques pièces de théâtre, des *Épigrammes*, des *Contes* et des *Fables* qui ne manquent ni de facilité, ni de naturel.

GUICHARDIN (François), historien italien, né à Florence en 1482, mort en 1540, nous a laissé une *Histoire des principaux Évènements arrivés depuis 1494 jusqu'en 1532*, Florence, 1561, in-fol.; Venise, 1738. Cette *Histoire*, traduite en français par Favre, revue par Georgeois, fut publiée à Paris en 1738.

GUILAIN DE CASTRO, poète tragique espagnol, né à Valence. Corneille lui a emprunté l'idée du *Cid*, IX, 73.

GUILLON (Marie-Nicolas-Silvestre), professeur d'éloquence sacrée dans le Faculté de Théologie, inspecteur de l'Académie de Paris, chevalier de la Légion-d'Honneur, etc., né le 1er janvier 1766, publie en ce moment la *Bibliothèque choisie des Pères de l'Église grecque et latine*, ou *Cours d'Éloquence sacrée*, qui doit avoir environ 25 vol. in-8. — *Voy.* dans le *Répertoire* son jugement sur Tertullien.

GUIMOND DE LA TOUCHE. Notice, XV, 95. — Jugement par La Harpe, 97.

GUIRAUD. Notice, XV, 107. — Morceaux choisis, 110.

GUY-PATIN, a donné des *Lettres* curieuses par les anecdotes qu'elles renferment.

H

HALLER (Albert, baron de), célèbre médecin, fut littérateur et poète. La plupart de ses poésies, traduites en français par Tscharner, parurent à Berne en 1775, in-8.

HAMILTON. Notice par Auger, XV, 120. — Jugements, par La Harpe, 124; par Marmontel, VIII, 464; XIX, 99.

HARANGUE HISTORIQUE, par Marmontel, XV, 128.

HARDY (Alexandre), ancien poète dramatique français, né à Paris, mort en 1630, avait fait près de six cents pièces. Ses ouvrages forment 6 gros vol. in-8., Paris, 1623—1628. Cité par La Harpe, XII, 453.

HARMONIE DU STYLE, par Marmontel, XV, 136.

HAUTEROCHE, poète comique, mort à Paris en 1707, a laissé un recueil de *Comédies*, Paris, 1736.

HÈLE (d'). Notice et Jugement par La Harpe, XV, 165.

HÉLIODORE. Notice et jugement par Villemain, XV, 179.

HELVETIUS. Notice et jugement par La Harpe, XV, 183.

HÉNAULT. Notice, XV, 195. — Morceaux choisis, 197.

HERDER, mort en 1804, est auteur de l'ouvrage intitulé: *Idée sur la Philosophie de l'Histoire du Genre humain.*

HERMÈS. *Voy.* TRISMEGISTE.

HÉRODOTE. Notice par Rollin, XV, 204. — Jugements, par La Harpe, 206; par de Sainte-Croix, 209; par Rollin (parallèle d'Hérodote et de Thucydide) 210; par Marmontel, XV, 259.

HERSAN, célèbre professeur de l'Université de Paris.—Notice par Rollin, VI, 69, 97.— Son explication du *Cantique de Moïse, après le passage de la Mer Rouge,* 97.

HERVEY. Notice, XV, 218.

HÉSIODE. Notice par La Harpe, XV, 219. — Jugement par Patin, 224.— Morceaux choisis, 227.

HESNAULT (JEAN), mort en 1682, donna les premières leçons de versification à madame Deshoulières. Ses *Poésies* ont été recueillies à Paris, en 1770, in-12. — Apprécié par La Harpe, XXVI, 369.

HÉSYCHIUS, lexicographe grec, dont l'époque est inconnue. « Son *Dictionnaire*, dit Huet, est une col-
« lection de tous les mots difficiles, rares, singuliers,
« irréguliers, qu'un homme studieux a remarqués dans
« tous les anciens auteurs grecs, qu'il a ramassés, ex-
« pliqués, et arrangés par ordre alphabétique. On ne
« rencontrera guère de mots de cette sorte dans ces
« auteurs, dont on ne trouve l'interprétation dans ce
« recueil d'Hésychius. On peut juger par là de l'utilité
« de l'ouvrage; mais on peut aussi juger de sa diffi-
« culté, combien il a été exposé aux erreurs des co-
« pistes, et à la licence des grammairiens, et qu'il n'est
« à l'usage que de ceux qui sont consommés dans les
« lettres grecques. Un homme autrefois n'était pas es-
« timé bon critique, s'il n'avait pas corrigé cinq ou six
« passages dans Hésychius. L'édition de Hollande,
« Leyde, 2 vol. in-fol., 1746-1766, l'a sans doute purgé
« de beaucoup de fautes, mais non pas de toutes; et
« je ne sais si en quelques endroits elle n'y en a pas
« ajouté de nouvelles. » La dernière et la meilleure édition d'Hésychius, quoique non encore exempte de fautes, est celle que l'on doit à M. Schow, savant danois, dont le travail a paru sous ce titre : *Hesychii*

Lexicon ex codice bibliothecæ D. Marci restitutum, Leipzig, 1792, in-8.

HEYNE (Chrétien-Gottlob), l'un des plus illustres savants de l'Allemagne, naquit à Chemnitz, en Saxe, le 25 décembre 1729, et mourut le 14 juillet 1812. On trouvera le détail de ses nombreuses productions dans Meusel et autre biographes allemands. Ses travaux à la Société royale de Gottingue se trouvent dans la collection des *Mémoires* de cette Académie. Ses programmes et ses dissertations comme professeur ont été recueillis sous le titre d'*Opuscula academica*, Gottingue, 1785—1802, 5 vol. in-8. On lui doit aussi un grand nombre d'éloges et de notices biographiques dont les plus remarquables sont celles sur Herman, Haller, Michaelis et Winckelmann. Son *Diodore de Sicile*, Deux-Ponts, 11 vol. in-8, a l'avantage d'offrir tous les fragments de cet auteur mis à leur place. M. Lemaire a réimprimé son édition de Virgile dans la *Collection des Classiques latins*.

HIATUS, par Marmontel, XV, 233.

HIPPARQUE, fils de Pisistrate, fut assassiné l'an 513 avant J.-C. Il revit les ouvrages d'Homère. — Cité par La Harpe, XV, 312.

HIPPIAS D'ÉLÉE, orateur grec. — Ce qu'en pensait Cicéron, X, 310.

HIPPONAX, satirique grec, né à Éphèse vers l'an 540 avant J.-C., fut chassé de sa patrie à cause de ses satires. — Cité par La Harpe, XV, 363.

HISTOIRE, par Marmontel, XV, 236; par La Harpe, 273.

HOBBES (Thomas), philosophe, né à Malmesbury en 1588, mort en 1679, est auteur de différents ouvrages, parmi lesquels on remarque: *Elementa philo-*

sophica; une *Traduction d'Homère* en vers anglais; une autre *de Thucydide* en anglais. L'édition la plus complète de ses *OEuvres* est celle de 1663, 2 vol. in-4. — Jugement par La Harpe, XI, 280.

HOFFMAN. Notice par Laugier, XV, 281.

HOMÈRE. Notice par La Harpe, XV, 284.—Jugements, par le même, 288; par Barthelemy, 331; par Marmontel, XIV, 382-386.

HORACE. Notice par Rollin, XV, 342.—Jugements, par d'Aguesseau, 350; par de Fontanes, 351; par La Harpe, avec des citations, 352; Analyse de son *Art poétique* par Marmontel, XXII, 214-218; Examen des différentes espèces de vers qu'il a employés dans ses *Odes*, XXVII, 130-136.

HUET (Pierre-Daniel), évêque d'Avranches, de l'Académie-Française, né à Caen en 1630, mort en 1721, sous-précepteur du Dauphin, lorsque Bossuet était précepteur, dirigea en partie les éditions *ad usum Delphini*. On a de lui entr'autres ouvrages : une édition des *Commentaires d'Origène sur l'Écriture-Sainte* ; *Traité de la faiblesse de l'esprit humain* ; des *Poésies* latines et grecques ; *Histoire du Commerce et de la Navigation des Anciens ; Demonstratio evangelica ; Huetiana* ou *Pensées diverses*, 1 vol. in-12, précédé d'une *Notice sur l'Auteur* et du *Catalogue* de ses ouvrages.

HUGO (Marie-Victor), maître ès Jeux-Floraux, chevalier de la Légion-d'Honneur, l'un de nos premiers poètes romantiques, né à Besançon le 26 février 1802, a publié 2 vol. d'*Odes*, 1822—1824, et 1 v. d'*Odes et Ballades*, 1827, in-18, figures. On trouve dans quelques-unes de ses pièces, et entre autres, dans son ode sur Bonaparte, intitulée *le Corse et Sainte-*

Hélène, un véritable talent poétique. *Voy.* son jugement sur lord Byron,

HUME. Notice, XV, 398. — Morceaux choisis, 403. — Apprécié par La Harpe, XV, 279.

HYMNE, par Marmontel, XV, 411.

HYPERBOLE, par Marmontel, XV, 413,

HYPÉRIDE, orateur grec, disciple de Platon et d'Isocrate. — Ce qu'en dit Cicéron, X, 311.

I

IDYLLE, par Marmontel, XV, 414.
ILLUSION, par Marmontel, XV, 417.
IMAGE, XV, 425.
IMAGINATION, par Marmontel, XV, 450.
IMBERT. Notice, XV, 457. — Jugement par La Harpe, 458.
IMITATION, par Marmontel, XV, 460.
INSINUATION, par Marmontel, XV, 470.
INTÉRÊT, par Marmontel, XV, 472.
INTRIGUE, par Marmontel, XVI, 1.
INVENTION, par Marmontel, XVI, 14.
IRONIE, par Marmontel, XVI, 34.

ISAIE, le premier des quatre grands prophètes, prophétisa depuis l'an 735 jusqu'à l'an 781 avant J.-C. Parmi les commentaires publiés sur Isaïe, l'on cite avec éloge ceux de Vitringa, en 2 volumes in-fol.

ISÉE, orateur grec du second rang. — Cité par La Harpe, X, 308.

ISOCRATE. Notice et jugement, par Thomas, XVI, 40; par La Harpe, X, 308; par Cicéron, 310.

J

JARGON, par Marmontel, XVI, 50.

JAUCOURT (le chevalier Louis de), mort à Compiègne en 1780, a fourni de nombreux articles à l'*Encyclopédie*, et travaillé à la *Bibliothèque raisonnée*. — Apprécié par La Harpe, XII, 296.

JEANNIN (le président), né à Autun en 1540, mort en 1622, nous a laissé des *Mémoires* et des *Négociations*, Paris, 1656, in-fol. — Ses *Mémoires sur l'Histoire de France* sont précieux, XIX, 115.

JÉRÉMIE, prophète, commença à prophétiser sous le règne de Josias, l'an 629 avant J.-C. Arnaud Baculard a traduit en vers français les *Lamentations de Jérémie*, 1757, in-8.

JÉROME (saint). Notice, XVI, 52.

JODELLE (Étienne), membre de la Pléiade, né à Paris en 1532, mort en 1573, a donné un *Recueil de Poésies*, Paris 1574, dans lequel on trouve deux tragédies, *Cléopâtre* et *Didon*; des *Sonnets*, des *Chansons*, des *Odes*, etc. — Apprécié par La Harpe, IX, 42.

JOHNSON. Notice, XVI, 56.

JOLY, traducteur estimé de *Phèdre*, a donné dans le *Répertoire* les articles gay et yriarte.

JOSÈPHE. Notice et jugement par Rollin, XVI, 63.

JOUVANCY. Notice, XVI, 68.

JOUY. Notice, XVI, 70.

JUDICIAIRE, par Marmontel, XVI, 73.

JUSTE-LIPSE. *Voy.* LIPSE.

JUSTIN. Notice par Rollin, XVI, 84. — Jugement par La Harpe, 85.

JUSTIN (saint). Notice, XVI, 90.

JUVÉNAL. Notice par Rollin, XVI, 92. — Jugements, par Dusaulx, 93, et XV, 367.; par La Harpe, 376, 398; par Marmontel, XXV, 32.

JUVENCUS (Caius-Veccius-Aquilinus), l'un des premiers poètes chrétiens, dont les vers se rapprochent quelquefois du style des Anciens, a mis en vers latins la vie de J.-C., en quatre livres, vers 329. On trouve ce poème dans la *Bibliothèque des Pères*, et dans le *Corpus Poetarum* de Mettaire.

K

KEMPIS (de ou A-). Notice par de La Mennais, XVI, 94.

KEPLER (Jean), célèbre astronome, né à Weille en 1571, mort en 1630. — Ce qu'il a fait pour l'avancement des sciences, XVII, 455.

KLEIST (Chrétien de), né à Zéblin en 1715, mort en 1759, poète, ami de Gessner, a introduit dans l'églogue des jardiniers et des pêcheurs, à l'exemple de Sannazar, de Grotius et de Théocrite.

KLOPSTOCK. Notice et jugement, XVI, 100. — Cité par Marmontel, XII, 169.

KOTZEBUE. Notice, XVI, 105. — Jugement par Geoffroy, 110.

L

LA BEAUMELLE. Notice, XVI, 122.

LABERIUS (Decimus), chevalier romain, réussit admirablement à faire des mimes, qui étaient des petites pièces comiques. A Rome, un homme de naissance qui composait des poésies pour le théâtre ne se dégradait point; mais il ne pouvait les représenter lui-même sans se déshonorer. Malgré cette opinion établie de longue main, Jules-César pressa vivement Labérius de monter sur le théâtre pour y jouer une de ses pièces, et lui donna, pour cet effet, une somme considérable. Le poète s'en défendit long-temps, mais enfin il fallut céder. Les prières d'un prince en de pareilles occasions sont des ordres. Dans le Prologue de cette pièce, Labérius exhale sa douleur d'une manière fort respectueuse pour César, et en même temps fort touchante. C'est un des plus beaux morceaux de l'antiquité. Je l'ai inséré tout entier, avec la traduction, dans le premier tome du *Traité des Études**. Macrobe nous l'a conservé avec quelques autres fragments de la même pièce.

---

* La traduction du Prologue de Labérius, par M. Patin, nous ayant paru plus fidèle et sur-tout beaucoup plus élégante que celle de Rollin, nous avons cru devoir lui donner la préférence :

« Nécessité cruelle, qui, dans ton cours inflexible, emporte, malgré leurs
« efforts, la plupart des mortels, en quel abyme m'as-tu précipité, lorsque ma
« vie allait s'éteindre ! Jamais, dans ma jeunesse, ni les sollicitations, ni les
« largesses, ni la crainte, ni la violence, ni le crédit n'eussent pu ébranler mon
« âme : et voilà que sur mes vieux jours je me laisse vaincre sans peine aux pa-
« roles engageantes de ce grand homme, qui daigne pour moi descendre à la
« prière. Les dieux lui ont tout accordé : faible mortel, était-ce à moi de
« lui rien refuser ? Hélas ! il est donc vrai ! après soixante ans d'une vie
« sans tache, sorti de ma maison chevalier romain, j'y dois rentrer comé-
« dien. Ah ! j'ai vécu trop d'un jour. O fortune, qui ne mets point de bornes
« à tes faveurs non plus qu'à tes disgraces, si, par un effet de ton caprice,
« ma gloire littéraire devait un jour fletrir mon honneur, que n'était-ce au
« temps de ma force et de ma jeunesse, lorsque je pouvais du moins ré-
« pondre à l'attente du peuple romain et du grand homme qui m'écoute ;
« lorsque, souple encore, je pouvais plier sous ta main ! Mais aujourd'hui,
« à quoi me réduis-tu ? Eh ! qu'apportai-je sur la scène ? les graces du visage,
« la noblesse du maintien, le feu du talent, le charme d'une voix mélo-
« dieuse...? Comme le lierre étouffe de ses flexibles rameaux l'arbre qu'il
« embrasse, ainsi la vieillesse m'accable sous le poids des années. Labérius
« est comme la tombe : il ne possède plus qu'un vain nom. »

F.

Il nous apprend aussi que ce chevalier romain, outré de dépit d'avoir vu ainsi sa vieillesse déshonorée, pour s'en venger en la manière seule dont il le pouvait, fit malignement couler dans la pièce dont nous venons de parler, quelques traits piquants contre César. Un valet, maltraité par son maître, s'écriait : « Romains, à « mon secours ! nous perdons la liberté. »

Porrò, Quirites ! libertatem perdimus.

et peu après il ajoutait : « Il faut nécessairement que « celui qui se fait craindre de beaucoup de personnes « en craigne aussi lui-même beaucoup. »

Necesse est multos timeat, quem multi timent.

Tout le peuple, à ces traits, reconnut César, et jeta les yeux sur lui. Quand la pièce fut finie, César, comme pour le réhabiliter dans la dignité de chevalier romain, à laquelle il avait dérogé par complaisance pour lui, le gratifia d'un anneau, qu'on pouvait regarder comme de nouvelles lettres de noblesse. Labérius alla ensuite pour prendre sa place parmi les chevaliers, qui se serrèrent de telle sorte, qu'il n'en trouva point *.

Rollin, Histoire ancienne.

LABLETTERIE (l'abbé), né à Rennes en 1696, mort en 1772. On lui doit outre une *Vie de l'empe-*

---

* Cicéron, placé sur le banc des sénateurs, dit à Labérius : « Je te ferais « volontiers place, si nous étions moins à l'étroit.—Cela m'étonne, reprit « le poète, car tu as l'habitude de t'asseoir sur deux chaises. » Allusion à la politique un peu incertaine de Cicéron, qui, du reste, flottait quelquefois entre les divers partis, beaucoup moins par défaut de courage qu'à cause de l'étendue et de l'impartialité de sa raison.

F. Guizot.

reur *Julien*, une *Histoire de l'empereur Javien*, et une traduction de Tacite.

LA BOÉTIE (Étienne de), né à Sarlat en 1530, mort en 1563, a laissé des traductions de divers ouvrages de Xénophon et de Plutarque; des *Discours politiques*, et des *Poésies*. Montaigne a recueilli ses œuvres, in-8, 1751.

LA BRUÈRE. Notice, XVI, 122. — Jugement par La Harpe, *ibid.*

LA BRUYÈRE. Notice par Suard, XVI, 128. — Jugements, par le même, 132; par Vauvenargues, 152; par La Harpe, 154. — Morceaux choisis, 164. — *Voy.* dans le *Répertoire* ses jugements sur Balzac, Baron et Corneille.

LACÉPÈDE (Bernard-Germain-Étienne LA VILLE, comte de), né à Agen en 1756, continuateur estimé de Buffon, a donné entre autres ouvrages l'*Histoire naturelle des Cétacées, des Quadrupèdes ovipares et des Poissons*; la *Poétique de la Musique*, 1785, 2 vol. in-8.

On publie en ce moment son *Histoire civile, politique et littéraire de l'Europe*, in-8.

LA CHAUSSÉE. Notice par Palissot, XVI, 177. — Jugement par La Harpe, 179.

LA COLOMBIÈRE (Claude de), jésuite, né à St-Symphorien, diocèse de Lyon, s'adonna de bonne heure au ministère de la chaire. Envoyé en Angleterre par ses supérieurs pour relever le zèle des catholiques, il prêcha avec succès devant Charles II; mais obligé bientôt de quitter cette contrée, à cause de quelques intrigues auxquelles il était soupçonné d'avoir pris part, il se retira à Paray-le-Monial, où il devint directeur de la célèbre Marie Alacoque. Il mourut en 1682, avec la réputation d'un saint.

La Colombière ne mérite pas sans doute d'être placé au nombre de nos premiers prédicateurs, mais il ne doit pas rester dans l'oubli. Ses sermons ont de l'onction, de la chaleur, et le style en est assez naturel. « Tout, dans « les discours de La Colombière, dit l'abbé Trublet, res- « pire la piété la plus tendre, la plus vive : je ne connais « même aucun écrivain qui ait ce mérite dans un degré « égal, et qui soit plus dévot sans petitesse. Le célèbre « Patru, son ami, en parlait comme d'un des hommes « qui, de son temps, pénétraient le mieux les finesses « de notre langue. »

Les *Sermons* de La Colombière ont été imprimés plusieurs fois ; la dernière édition est celle de Lyon, 1757, 6 vol. in-12.

G. Beléze.

LACRETELLE (Pierre-Louis), aîné, membre de l'Institut, naquit à Metz en 1751, et mourut à Paris en 1824. Il a déjà paru six vol. de ses *OEuvres complètes*. — *Voy.* son jugement sur de Chateaubriand.

LACRETELLE (Charles), frère du précédent, membre de l'Académie-Française, professeur d'histoire à l'Académie de Paris, a donné l'*Histoire de France pendant les guerres de religion* ; l'*Histoire de France pendant le XVIIIe siècle* et l'*Histoire de l'Assemblée constituante*.

LACTANCE (Lucius-Coelius-Firmianus), orateur et apologiste de la religion chrétienne, florissait dans les IIIe et IVe siècles. Les auteurs ne s'accordent pas sur le lieu de sa naissance ; mais on croit communément qu'il naquit en Afrique. Il eut pour maître le célèbre Arnobe l'Ancien, et annonça de bonne heure ce qu'il serait un jour. Vers 290, Dioclétien l'envoya dans la ville de Nicomédie pour y enseigner les belles-lettres. Lorsque la persécution suscitée par cet empereur arriva, Lactance qui depuis quelque temps avait abjuré le paganisme, renonça à la profession de rhéteur pour consacrer ses talents à la défense du christianisme. De Nicomédie où il avait été témoin des horribles cruautés exercées contre les chrétiens, il fut appelé dans les Gaules par l'empereur Constantin, qui lui confia l'éducation de Crispe, son fils. Lactance, déjà affaibli par l'âge, ranima ses forces pour remplir les fonctions importantes dont il était chargé ; il mit tous ses soins à faire un bon prince, et ses efforts furent couronnés du plus heureux succès. Il mourut vers 325.

Lactance, le plus éloquent et le plus poli des Pères latins, surnommé le *Cicéron chrétien*, se fait remarquer par la profondeur et la sublimité des pensées. Son style a de l'élégance, de la pureté et de la noblesse. Il montre toujours une érudition vaste et étendue. Mais à l'égard de la doctrine, il devient faible et obscur, quand il faut expliquer et développer la croyance catholique. « Les vérités de la religion, dit l'abbé de « Gourcy, ne sont pas présentées dans ses écrits avec « assez d'exactitude et de force. »

Les principaux ouvrages qui ont assuré à Lactance la réputation dont il jouit, sont les suivants : 1° *Divinarum Institutionum libri VII*. Chaque livre a un titre séparé et peut compter pour un ouvrage complet. *Les Institutions divines* ont été traduites en français par René Famé, Paris, 1542, in-fol. 2° *De Irâ Dei*. Saint Jérôme regardait cet ouvrage comme une excellente imitation des *Dialogues* de Cicéron. 3° *De mortibus persecutorum*, Utrecht, 1692, in-8. Le traité *De la Mort des persécuteurs*, a été traduit en français par

Maucroix, Paris, 1680, in-12, et par Basnage, Utrecht, 1687, in-8.

G. Béléze.

LA FARE. Notice avec des citations, XVI, 200.

LA FAYETTE (Mme DE). Notice XVI, 203.—Apprécié par Marmontel, XIV, 434; par La Harpe, XXIV, 276.

LA FONTAINE. Notice par La Harpe, XVI, 203. — Jugements, par Chamfort (Molière et La Fontaine), 223; par Vauvenargues, 225; par La Harpe, avec des morceaux choisis, 226; par Marmontel, XIII, 163.—Fables choisies (les deux premières commentées par Batteux), XVI, 258.

LAFONTAINE (Auguste), l'un des plus féconds romanciers de notre époque, est né à Brunswick le 6 février 1756. Parmi ses productions les plus estimées on cite les suivantes, qui ont presque toutes été traduites en français par Mme de Montolieu. *Blanche et Mina, ou les Mœurs bourgeoises; les Systèmes de morale; le Civisme et l'Amour de famille; Raphaël, ou la Vie paisible; Charles et Emma, ou les Amis d'enfance; le Village de Lobeisten; la famille de Halden; Émile dans le monde; Walter, ou l'Enfant du champ de bataille; Henriette Belleman; Élise, ou les Papiers de famille; le baron de Flemming, ou la Manie des titres; Flemming fils, ou la Manie des systèmes; les Tableaux de famille, ou Journal de Charles Engelmann; le Ministre de campagne, ou les Nouveaux Tableaux de famille.*

LA FORCE (Charlotte de), née en 1650, morte à Paris en 1724, a écrit en vers et en prose. Elle a laissé un poème intitulé: *Château en Espagne; Histoire de Marguerite de Valois*, et *Histoire secrète de Bourgogne.* — Citée par La Harpe, XXIV, 277.

LA FOSSE. Notice, XVI, 274. — Jugement par La Harpe, 275. — Morceaux choisis, 288.

LAFRÉNAYE-VAUQUELIN, poète français, dont Boileau est accusé par Nigood (le marquis de Villette) d'avoir pillé la poétique, V, 94. — Apprécié par Marmontel, XXII, 209.

LA GRANGE, né à Paris en 1738, mort en 1775, a donné des traductions fort estimées de Lucrèce, 1768, 2 vol. in-8, et de Sénèque le Philosophe, 1778, 7 vol. in-12 ; le VIIe volume renferme l'*Essai sur les Règnes de Claude et de Néron*. — Critiqué par La Harpe, XVIII, 160 et XXVI, 177.

LA GRANGE-CHANCEL. Notice par Parent, XVI, 292.—Jugements, par Palissot, 295; par La Harpe, 296.

LA HARPE. Notice par Feller, XVI, 314. — Jugements, par Palissot, 324 ; par Dussault, 333 ; par Duviquet, 336. — Le *Lycée* de La Harpe a été reproduit presqu'en entier dans notre *Répertoire*.

LAINEZ, poète français, né à Chimay en 1650, mort en 1710, ne livra jamais rien à l'impression. Les petites pièces qui restent de lui ont été publiées par d'Aquin, La Haye, 1751, in-8. — Cité par La Harpe, XIV, 189.

LALLY-TOLENDAL. Notice, XVI, 344.—Apprécié, II, 481.

LAMARTINE. Notice, XVI, 344. — Jugements, par Genoude, 345 ; par C. Rémusat, 347. — Morceaux choisis, 349. — *Voy*. dans le *Répertoire* le jugement qu'il a donné sur Byron.

LA MENNAIS. Jugement par Genoude, 366.—Morceaux choisis, 368. — *Voy*. dans le *Répertoire* son article sur Kempis.

LAMETTRIE (Julien de), né à Saint-Malo en 1709, mort en 1751, se fit de nombreux ennemis en publiant l'*Histoire naturelle de l'Ame*, ouvrage qui respire l'incrédulité. On a encore de lui : *Machiavel en médecine; l'Homme machine; l'Art de jouir.* Ses œuvres ont été recueillies à Berlin, en 1751, in-4. — Apprécié par La Harpe, XV, 185.

LA MONNOIE (Bernard de), né à Dijon en 1641; commença à se faire connaître encore jeune par des épigrammes latines qui n'étaient pas sans mérite. Il étudia le droit pour répondre aux vœux de son père ; mais bientôt dégoûté d'une étude à laquelle son esprit ne pouvait se plier, il échappa au labyrinthe des lois pour se livrer entièrement aux lettres. En 1671, l'Académie-Française ayant proposé pour sujet du prix de poésie, l'*Abolition du Duel*, La Monnoie concourut et remporta le prix, et depuis triompha encore cinq fois. Satisfait de sa petite fortune, sans ambition, il ne songeait point à la célébrité, lorsque ses amis le pressèrent de venir à Paris. Après avoir long-temps résisté il se rendit enfin à leur désir. Il fut reçu à l'Académie-Française en 1713. Quelque temps après La Monnoie se vit compromis par la publication du *Menagiana*. On trouva qu'il avait mêlé à ses citations des traits un peu libres; aussitôt l'ouvrage fut arrêté et soumis à des censeurs. Mais servi par le crédit du cardinal de Rohan, La Monnoie vint à bout d'assoupir cette affaire. Tandis qu'il ne s'occupait que de travaux littéraires le système de Law vint le dépouiller de toute sa fortune ; ce coup inattendu ne l'abattit point. Il vendit sa bibliothèque dont l'acquéreur lui laissa l'usage pendant sa vie : le produit qu'il en retira, et une pension de six cents francs qu'il dut à la générosité du duc de Villeroi, suffirent à ses besoins, aussi simples que ses goûts. Il mourut le 15 octobre 1728.

La douceur et la modestie de La Monnoie lui avaient fait de nombreux amis. Sa gaieté, quelquefois grivoise, perce dans ses *Contes* et dans ses *Épigrammes*; mais ses mœurs étaient irréprochables. Critique plein de goût, il possédait parfaitement l'histoire littéraire, et personne ne le lui disputait en connaissances bibliographiques. On pourrait peut-être lui reprocher un peu de frivolité dans ses recherches.

Parmi les nombreux ouvrages de La Monnoie nous citerons ses *Noels*, Dijon 1720, in-8.; *Menagiana*, Paris 1715; *Remarques sur les Jugements des savants de Baillet; Remarques sur le Poggiana; Poésies françaises*. Rigoley de Juvigny a donné en 1720, 2 vol. in-4., les *OEuvres choisies de La Monnoie*.

LA MOTTE. Notice, XVI, 378. — Jugements, par Palissot, 382; par La Harpe (du théâtre de La Motte, 384; des Odes de La Motte, 433); par Marmontel, XIII, 157 et suiv.; XX, 200, 222.

LAMPRIDE (OElius LAMPRIDIUS), l'un des auteurs de l'*Histoire d'Auguste*, vivait au commencement du IVe siècle. On voit en le lisant qu'il était pénétré de l'importance des devoirs de l'historien, et animé de l'amour de la vérité. Il rend toujours hommage à la vertu et flétrit le vice et la tyrannie. Son style manque souvent de force et d'élévation: s'attachant scrupuleusement à l'exactitude des faits, il ne cherche point à embellir ses récits. En commençant la vie d'Héliogabale, il dit qu'il ne l'aurait point écrite, s'il avait espéré empêcher le souvenir de ce monstre de parvenir à la postérité. On attribue à Lampride les *Vies* de l'empereur Commode et d'Alexandre Sévère. —*Voy*. dans le *Répertoire* un morceau célèbre de Lampride cité par Diderot, VII, 453, note A.

LAMPRIDE (Benoit), poète latin, né à Crémone vers la fin du XVIe siècle, fut choisi à l'âge de 20 ans par Jean Lascaris pour remplir une chaire au Collége des Grecs, fondé par Léon X. En 1521, il se retira à Padoue et y ouvrit une école qui attira de nombreux disciples. Palearius écrivait au cardinal Bembo, que Lampride, en expliquant une harangue de Démosthène, avait la voix et le geste de ce prince des orateurs. Lampride faisait l'éducation des fils de Gonzague, duc de Mantoue, lorsqu'une mort prématurée vint l'enlever aux Muses vers 1542. Ses *Poésies*, qui consistent en odes, élégies et épigrammes, imprimées à Venise en 1540, in-8., ont été insérées dans le VIe vol. des *Carmina illustrium poetarum italorum*, Florence 1719.

G. Beléze.

LANGUE. — Langue française comparée aux langues anciennes, XVII, 1.

LA NOUE. Notice par Auger, XVII, 45. — Jugements, par Palissot, 47; par La Harpe, 48.

LANTIER (G.-F. de), chevalier de Saint-Louis, membre de plusieurs Académies, né à Marseille, mort en 1825, a publié dans divers genres un assez grand nombre d'ouvrages, dont le principal et le plus remarquable, est celui qui a pour titre *Voyage d'Anténor en Grèce et en Asie*, souvent réimprimé et traduit dans presque toutes les langues de l'Europe.

LA PLACE. — Notice et jugement par La Harpe, XVII, 60.

LA PORTE (l'abbé Joseph de), né à Béfort en Alsace, en 1713, mort à Paris en 1779, s'est fait connaître par un grand nombre de compilations dont quelques-unes sont estimées. Outre la part qu'il prit aux *Lettres sur quelques écrits de ce temps*, à l'*Année littéraire*, au *Mer-*

cure de France, et à la France littéraire, dont il publia seul le premier Supplément, on a de lui : Observations sur la Littérature moderne, 1749 et années suivantes, 9 vol. in-12 ; l'Observateur littéraire, 1758 et suiv., 18 vol. in-12 ; Calendrier historique et chronologique des Théâtres de Paris, depuis 1751 jusqu'à 1778, 28 vol. in-24 ; Voyage au séjour des Ombres, 1749 ; l'Antiquaire, comédie en trois actes et en vers, 1751, pièce à l'usage des Collèges ; Observations sur l'esprit des lois, 1755, in-12 ; l'École de la Littérature, tirée de nos meilleurs écrivains, 1763, 2 vol. in-12 ; le Porte-feuille d'un homme de goût, 1770, 3 vol. in-12 ; le Voyageur français, 1765-1795, 42 vol. in-12. L'abbé de La Porte n'a rédigé que les 26 premiers vol. ; les t. XXVII et XXVIII sont de l'abbé de Fontenay, et les suivants de Dormairon ; l'Esprit de l'Encyclopédie, 1768, 5 vol. in-12 ; Histoire littéraire des Femmes françaises, 1769, 5 vol. in-8. ; Anecdotes dramatiques (avec Clément de Dijon), 1775, 3 vol in-8 ; Dictionnaire dramatique (avec Chamfort), 1776, in-8, et un grand nombre d'autres compilations dont on trouvera la liste dans la France littéraire d'Ersch, et dans le Dictionnaire des Anonymes de M. Barbier.

LA PORTE DU THEIL (François-Jean-Gabriel de), membre de l'Académie des Inscriptions et Belles-Lettres, et l'un des conservateurs de la bibliothèque du roi, né en 1742 à Paris, où il mourut en 1815, fut envoyé en Italie en qualité de membre du comité des chartes établi pour la recherche des monuments historiques, et en rapporta dix-sept à dix-huit mille pièces, dont la plupart sont propres à jeter un nouveau jour sur l'histoire générale de l'Europe, dans les XIIIe et XIVe siècles. On a de ce savant les traductions françaises des *Tragédies* d'Eschyle, 1794; des *Hymnes* de Callimaque, 1775; et celle de sept livres de la *Géographie* de Strabon; un grand nombre de *Mémoires*, pleins d'érudition et de critique, insérés dans les *Recueils de l'Académie des Belles-Lettres* et *de l'Institut*, et divers ouvrages restés incomplets et inédits.

LA ROCHEFOUCAULT. Notice par Suard, XVII, 73. — Jugements, par Aimé-Martin, 80 ; par La Harpe, 84.

LA RUE. Notice, XVII, 99. — Jugement par Thomas, 101.

LAS CASES (Emmanuel comte de), marquis de La Caussade, a publié en Angleterre, sous le nom de Lesage, son *Atlas historique et géographique*, qu'il a porté dans la dernière édition à un degré de perfection qui en a fait un des livres les plus utiles qu'on ait jamais publiés.

LA TOUR DUPIN (Jacques-François-René, l'abbé de), né en Dauphiné en 1721, mort en 1765, a laissé 4 vol. de *Sermons* et deux de *Panégyriques* assez estimés.

LAUGIER (Adolphe), avocat, né à Paris le 29 juin 1803, a publié, avec M. de Brotone, le *Résumé de l'Histoire universelle*, et le *Traité des Études historiques*, 2 vol. in-32, qui font partie de l'*Encyclopédie portative*. Il a donné dans le *Répertoire* les notices sur Antoine, Geoffroy, Ginguené, Hoffman, Marchangy, Marmontel, etc.

LAUJON. Notice, XVII, 108. — Jugement par Palissot, 111.

LAYA (Jean-Louis), membre de l'Académie-Française, professeur à la Faculté des Lettres de Paris, chevalier de la Légion-d'Honneur, né à Paris en 1764, a donné plusieurs ouvrages dramatiques, parmi lesquels on remarque *l'Ami des lois*, comédie représentée pour la première fois le 2 janvier 1793, et le drame de *Falkland*, 1799, repris avec succès en 1822. M. Laya a encore publié plusieurs pièces de poésie, dont la plus estimée est celle qui a pour titre, *Épître à un jeune Cultivateur nouvellement élu Député*, 1792, in-8.

LE BAILLY. Notice, XVII, 113. Jugement par Dussault, 114. — Fables choisies, 115.

LE BATTEUX. *Voy.* BATTEUX.

LE BEAU. Notice, XVII, 122. — Morceaux choisis, 124.

LE BOSSU. Notice, XVII, 129.

LE BRUN (Écouchard). Notice, XVII, 135. — Jugements, par Palissot, 139; par Dussault, 141; par La Harpe, 142. — Morceaux choisis, 153.

LEBRUN (Pierre). Notice, XVII, 130.—Morceaux choisis, 133.

LE CLERC (Joseph-Victor), chevalier de la Légion-d'Honneur, ancien professeur de rhétorique au Collège royal de Charlemagne, professeur d'éloquence latine à la Faculté des Lettres de Paris, est né dans cette ville le 2 décembre 1789. Il a publié les ouvrages suivants : 1° *Chrestomathie grecque*, Paris, 1812, 1 vol. in-8, seconde édition en 1813, troisième en 1822, quatrième en 1826; 2° *Éloge de Montaigne*, précédé de deux poèmes *sur la mort de Rotrou*, trois ouvrages mentionnés honorablement par l'Académie-Française, 1 vol. in-8, 1812; 3° *Lysis*, poème grec, 1 vol. in-8, 1814; 4° *Pensées de Platon*, en grec et en français, avec des notes, 1 vol in-8, 1818, seconde édition en 1824; 5° *Grammaire latine de Port-Royal*, revue et augmentée, 1 vol. in-8, 1819; 6° *Nouvelle Rhétorique*, 1 v. in-12, 1822, seconde édition en 1826; 7° *OEu-*

vres complètes de Cicéron, en latin et en français, 30 vol. in-8, 1821-1825; seconde édition, 37 vol. grand in-18, 1823 et années suivantes. M. Le Clerc a donné dans le *Répertoire* les notices sur Fortunat, Platon, Plotin, Théognis, etc., et des jugements sur Charron, Montaigne, Platon, Rabelais, etc.

LECOMTE, célèbre oratorien. — Services qu'il a rendus pour l'histoire de France, XV, 276.

LE FRANC DE POMPIGNAN. Notice, XVII, 169. — Jugements, par Palissot, 173; par Dussault, 175; par La Harpe, avec des citations et des morceaux choisis, 177. — *Voy.* l'article BIBLE, IV, 311.

LEGOUVÉ. Notice, XVII, 245. — Jugements, par Palissot, 249; par Chénier, 252. — Morceaux choisis, 255.

LE GRAND. Notice, XVII, 262. Jugement par La Harpe, 263.

LEIBNITZ. Notice par Feller, XVII, 264.

LE JEUNE (JEAN), célèbre missionnaire et prédicateur, naquit à Poligny en 1592, d'une famille distinguée dans la magistrature. Son père, qui était conseiller au parlement de Dôle, ne négligea rien pour que son éducation répondît à sa naissance, et aux heureuses dispositions à la science et à la piété, dont il découvrit bientôt en lui l'heureux germe. Ses goûts le portèrent à embrasser l'état ecclésiastique, qui, mieux que tout autre, lui facilitait les moyens de cultiver les lettres et de pratiquer la vertu. Il jouissait paisiblement des revenus d'un canonicat que sa famille avait obtenu pour lui dans le chapitre d'Arbois, quand la réputation du P. de Berulle, qui avait fondé depuis peu la congrégation de l'oratoire de Jésus, l'engagea à renoncer à son bénéfice pour venir se ranger parmi les disciples de cet habile maître. C'est en 1621 qu'il fut reçu dans la congrégation nouvelle, qui ne tarda pas à apprécier son mérite. Trois ans s'étaient à peine écoulés, qu'il fut choisi par ses supérieurs pour être directeur du séminaire de Langres. La vigilance, le zèle, et la sollicitude avec lesquels il remplit ses fonctions, lui concilièrent l'estime et la confiance de M. de Zamet, évêque de cette ville, au point qu'il fut jugé capable d'établir la réforme parmi les religieuses de l'abbaye du Tard, qui avaient entièrement perdu de vue leurs devoirs et leurs vœux. Le P. Bence fut associé au P. Le Jeune dans cette entreprise difficile, qui fut cependant couronnée d'un plein succès. C'est à peu près à cette époque que ce directeur infatigable commença à se faire un nom dans l'éloquence de la chaire. Doué de toutes les qualités qui constituent le missionnaire et l'orateur, mais sur-tout d'une âme sensible et ardente, il déploya un rare talent pour annoncer la parole de Dieu. Son zèle le poussa de préférence au milieu des campagnes, où l'ignorance et la superstition exercent leur funeste empire. Il eût pu sans doute accroître beaucoup plus le trésor des lettres, s'il eût uniquement consacré son beau talent à effrayer et à confondre les vices des grands; mais on ne peut le blâmer d'avoir mieux aimé, à l'exemple de J.-C., évangéliser les pauvres. Ses succès dans les missions furent si complets, que ses supérieurs et un grand nombre d'évêques voulurent les multiplier, en l'obligeant d'accepter les stations d'avent et de carême dans les villes principales du royaume. Leurs vues furent remplies, et la réputation du missionnaire de l'oratoire croissait de jour en jour. La cour désira l'entendre. Il y vint; mais, au lieu de choisir celui de ses discours qui aurait pu donner une idée avantageuse de son talent, il se contenta de faire une instruction familière sur les devoirs des grands, et spécialement sur l'obligation où ils sont de veiller à l'éducation de leurs enfants, à la conduite de leurs domestiques, et à tout ce qui peut contribuer au maintien du bon ordre dans leurs familles. La nouveauté du sujet, le ton humble, mortifié du prédicateur, la simplicité de son débit et de sa composition, et sur-tout son onction prodigieuse, touchèrent les courtisans, qui l'écoutèrent avec plaisir, et furent instruits de leurs devoirs lorsqu'ils ne demandaient qu'à être charmés par l'éloquence du missionnaire. Les preuves d'estime, d'intérêt et de vénération que la cour lui donna, et qui auraient dû, ce semble, réveiller son amour-propre, ne firent qu'exciter son zèle. Il alla dans les provinces reprendre ses travaux apostoliques, corriger les abus, les vices et les erreurs, fruits amers de nos discordes civiles et religieuses. On peut dire sans flatterie que partout où le pieux et éloquent Le Jeune prêcha, ou fit des missions, il fit aimer la vertu et la paix. Une maladie grave, à la suite de laquelle il perdit la vue, en 1635, pendant qu'il prêchait le carême à Rouen, ne ralentit point son zèle infatigable. Il continua d'exercer les fonctions de son ministère, lorsqu'il fut privé d'un œil, ce qui lui faisait dire plaisamment qu'on voyait en lui le contraire de ce qui arrive aux autres hommes, qui de borgnes deviennent quelquefois aveugles, au lieu que d'aveugle il était devenu borgne. Depuis cet accident il fut surnommé *le P. l'Aveugle* : on le connaissait même mieux sous cette dénomination que par son nom de famille. S'il faut en croire quelques auteurs, le P.

Le Jeune prêchant à Marseille prit un jour pour texte de son discours, ce passage de saint Jean : « *Fuit homo missus à Deo cui nomen erat Joannes. Non erat ille lux, sed ut testimonium perhiberet de lumine.* Il y avait un homme envoyé de Dieu qui s'appelait Jean. Il n'était pas la lumière, mais il venait pour lui rendre témoignage. » Cette allusion à son état de cécité complète, disposa, dit-on, son auditoire, qui sortit, à la fin du discours, plus pénétré que jamais des grandes vérités de la religion qui en étaient l'objet. Le gouvernement voulut profiter d'un homme dont les talents égalaient le zèle et la prudence, et l'employa dans les missions destinées à ramener les protestants dans le sein de l'Église. Quoique le P. Le Jeune eût autant d'habileté à traiter les matières de controverse que les vérités morales de l'Évangile, il se contenta d'exposer dans trois ou quatre discours seulement les dogmes de la religion qui étaient niés ou altérés par les calvinistes, et consacra le reste de la mission à exposer les préceptes de l'Évangile avec beaucoup de solidité. Sa méthode jointe à une vie exemplaire eut un plein succès, et il eut la consolation et la gloire de ramener un grand nombre de protestants à l'unité, et de détruire les préventions injustes que la secte avait conçus contre l'Église romaine. Les anciens diocèses d'Orange et de Limoges conservent encore le souvenir des entretiens familiers et des conférences ecclésiastiques que ce saint missionnaire avait établis, pour gagner les cœurs des ennemis de la foi, ou pour former des pasteurs zélés et prudents, qui répandraient avec abondance les lumières et les consolations de la religion au milieu des pauvres habitants de nos montagnes. Enfin accablé sous le poids de l'âge et des infirmités inséparables d'une vie fatigante et laborieuse, le P. Le Jeune, condamné à ne plus sortir de sa chambre, se rendit encore utile à la France et à la religion, en rassemblant autour de lui tous les enfants du peuple à qui il se plaisait à transmettre les premiers éléments de la science des chrétiens. Il mourut au milieu de ce saint et pieux exercice, à l'âge de quatre-vingts ans, le 19 août 1672, emportant avec lui la vénération et les regrets des grands et du peuple. Le concours des fidèles auprès de son cercueil fut si nombreux, qu'on fut obligé d'étayer la salle de la maison de l'oratoire dans laquelle son corps était exposé, de peur que le plancher ne s'écroulât. On se disputa ses vêtements, et chacun voulut emporter dans sa famille, comme une relique précieuse, quelque objet qui eût servi ou appartenu au savant et pieux missionnaire.

Les *Sermons* du P. Le Jeune furent imprimés à Toulouse, en 10 vol. in-8, 1662, et années suivantes. Les deux derniers ne parurent qu'après sa mort; ils sont intitulés : *le Missionnaire de l'Oratoire*, etc. Le docteur Grandin, censeur royal, s'étant permis de faire des changements dans le cinquième volume, sans en avertir l'auteur, celui-ci s'en plaignit amèrement dans l'avertissement du septième, rétablit ce que le censeur en avait retranché, réfuta ce qu'il avait ajouté, et obtint un nouveau censeur. Il y a deux autres éditions de ce recueil, l'une de Rouen en 1667, l'autre de Paris, en 1669. On avait désiré que l'auteur, avant de livrer ses sermons au public, en eût corrigé les expressions surannées. Celui-ci en avait chargé le P. de La Mirande, qui n'osa pas remplir cette commission; mais le P. Loriot l'a exécutée d'une manière satisfaisante dans une édition qu'il a publiée en 1695. Les sermons choisis du P. Le Jeune furent traduits en latin et imprimés en un vol. in-4 à Mayence, en 1667, sous ce titre : *Joannis Jeunii Deliciæ pastorum, sive Conciones.* Il ne faut pas confondre le P. Jean Le Jeune, avec Pierre Le Jeune, ministre protestant, auteur d'une traduction du traité de Grotius, *De Veritate Religionis christianæ.* Le P. Ruben, disciple du P. Le Jeune, a publié une oraison funèbre qui contient une foule de circonstances de la vie de son maître. Elle a pour titre : *Discours funèbre sur la Vie et la Mort du R. P. Le Jeune, appelé communément l'Aveugle,* etc., Limoges, 1674, in-8; Toulouse, 1679, même format. Une nouvelle édition des *Sermons* du P. Le Jeune, a été publiée à Lyon en 1825, 13 vol. in-8.

Pour apprécier à leur juste valeur les sermons du P. Le Jeune, il faut se rapporter au temps où ils ont été écrits, et aux circonstances qui les ont dictés. Avant que l'auteur débutât dans la carrière de la chaire, le mauvais goût, le défaut de critique et de méthode caractérisaient tous les discours chrétiens. On préférait une certaine solidité scholastique qu'on ne savait point revêtir des agréments du style et des ornements de la belle éloquence, aux formes rigoureuses du discours; le fatras d'une érudition lourde et indigeste étouffait presque toujours le raisonnement, ou le surchargeait sans nécessité; la langue française même, a peine formée, présentait peu, ou point de modèle à suivre : tout était à créer. C'est au milieu de tant d'obstacles à surmonter, que le P. Le Jeune fraya une route à l'art oratoire, l'assujettit à des règles fixes et invariables, et donna à ses progrès l'impulsion qui depuis a opéré tant de prodiges. Les sermons du P. Le Jeune ne sont remarquables, à la vérité, ni par la richesse des expressions, ni par la pureté du style, ni par le sublime des pensées; mais on y trouve partout une élocution facile et naturelle, une abondance qui étonne, une onction touchante qui pénètre l'âme, une instruction solide et variée, et sur-tout une méthode précieuse, ce qui est beaucoup pour le temps où ils ont été écrits. Si on les compare avec tous les sermons du même siècle, antérieurs de quelques années seulement, on pourra juger de la différence. Si Massillon mérite à juste titre d'être appelé le modèle des orateurs chrétiens, le P. Le Jeune doit en être considéré comme le père. C'est lui qui, le premier, a banni de la chaire les histoires apocryphes, quoiqu'il en ait adopté certaines qui ne résisteraient peut-être pas à une critique judicieuse, mais qui dans sa bouche ne paraissent propres qu'à édifier et instruire. Il a appris encore à exposer le sujet avec netteté, à le diviser avec ordre, à développer les preuves avec une juste étendue, à les enchaîner de la manière la plus propre à convaincre l'auditeur, à ne présenter à l'esprit que des raisonnements solides qui triomphent toujours de l'obstination ou de l'erreur; enfin il est devenu pour tous les orateurs chrétiens qui l'ont suivi, un guide sûr et un trésor inépuisable. Massillon avait sans cesse entre les mains *le Missionnaire de l'Oratoire*; il en conseillait la lecture réfléchie à tous ceux qui voulaient suivre la carrière de la prédication; il avouait qu'il devait presque tout ce qu'il savait au P. Le Jeune, mais que, pour tirer profit de ses sermons, il fallait avoir le goût assez exercé et assez éclairé pour discerner le bon du mauvais. Il ne serait peut-être pas difficile de prouver que les plus beaux mouvements, les pensées les plus riches et les divisions les plus remarquables des sermons de Massillon, ne sont que des imitations de plusieurs beaux passages du P. Le Jeune, ou des détails de mœurs que le prince de l'éloquence chrétienne a su s'approprier en les revêtant de la magie de son style enchanteur. Feu M. de Boulogne, évêque de Troyes, qui s'est fait de nos jours une grande réputation dans l'éloquence de la chaire, avait aussi long-temps étudié le P. Le Jeune, dans lequel il avait trouvé une mine feconde de pensées solides, d'applications morales et de sentiments pieux.

Pour que nos lecteurs aient une idée des sermons qui sont l'objet de cet article, nous transcrirons ici un fragment du discours XXXV *Des Peines de l'Enfer*, tel qu'on le trouve dans l'édition de Toulouse 1689. L'auteur y parle de l'éternité des peines que les reprouvés endurent dans l'enfer :

« Mais ce qui m'épouvante davantage, dit-il, et qui
« est plus digne d'appréhension dans la damnation du
« mauvais riche et des autres reprouvés, c'est la durée
« de leur supplice. Car si vous me demandez : Com-
« bien y a-t-il que ce malheureux est en enfer? je vous
« dirai que, selon le calendrier de ce monde, il y a plus de
« seize cents ans; selon le calendrier de Dieu, il n'y a
« pas encore deux jours; *unus dies apud Dominum si-*
« *cùt mille anni, et mille anni sicùt dies unus* (II Petr.
« III, 8). Selon le calendrier d'enfer, il y a plus de cent
« mille ans, car les moments y semblent des années, et les
« heures des siècles ; selon le calendrier de l'éternité,
« il n'y a pas encore un jour, il n'y a pas encore une
« heure, pas encore un moment, car il n'y a rien de
« diminué de l'éternité. Saint Jean-Baptiste dit que le
« fils de Dieu mettra le froment en son grenier, et jet-
« tera les pailles dans un feu qui ne s'éteindra point;
« et le prophète Isaïe dit que le fond de cette demeure

« funeste sera de la poix ardente de jour et de nuit,
« dont la fumée s'élèvera en tous les siècles des siè-
« cles (*Isaïe*, XXXIV, 9). Il n'y va pas seulement des
« intérêts de la justice de Dieu qui doit être honorée à
« jamais, mais de la vérité dont les paroles doivent être
« fermes, immuables, irrévocables. *Justitia tua, justitia*
« *in æternum, et lex tua veritas ; quæ procedunt de la-*
« *biis meis non faciam irrita.* Saint Jean dit qu'il ne
« faut pas prier pour un homme qui a persévéré en son
« péché jusqu'à la mort. Si Dieu ne me le défendait, je
« prendrais la hardiesse de lui présenter une pauvre
« requête pour quelqu'un de mes amis qui est à présent
« en enfer, et je lui dirais : Mon Dieu, vous ne deman-
« dez de ce malheureux que quelques larmes de vraie
« pénitence pour avoir pitié de lui, permettez-lui d'en
« répandre une petite de cent mille ans en cent mille
« ans; que son ange gardien la conserve, il en sera ravi.
« Quand il en aura répandu autant qu'il en pourrait
« entrer dans toutes les maisons de cette ville pourra-
« t-il espérer miséricorde? Il me répond par Ézéchiel :
« *non miserebor*. Quand il en aura répandu autant
« qu'il y a jamais eu d'eau en toutes les fontaines,
« en toutes les rivières, en toutes les mers du monde,
« pourra-t-il espérer pardon? Il me répond par le
« même prophète : *non parcet oculus meus*. Quand il
« en aura répandu suffisamment pour remplir le vide
« qui est entre le ciel et la terre, n'en répandant qu'une
« petite goutte de cent mille en cent mille ans, pourra-
« t-il espérer que vous aurez pitié de lui? Il me ré-
« pond et répondra toujours : *non miserebor et non*
« *parcet oculus meus*. Je n'aurai jamais pitié de lui......
« Si vous saviez que d'un œuf on verrait quelque jour
« éclore un millier d'aspics, de scorpions, de couleu-

« vres, de vipères, ne l'écraseriez-vous pas, si vous
« pouviez? Il vous semble que ce n'est rien qu'un pé-
« ché mortel, parce que vous n'en voyez pas les mau-
« vais effets; c'est un œuf qui contient en semence et
« d'où l'on verra éclore mille funestes éternités : éter-
« nité de disette, éternité de maladie, éternité de dou-
« leur, éternité de déshonneur, éternité de torture,
« éternité de feu et de flamme, éternité de regret, de
« tristesse, de dépit, de rage, de désespoir effroyable.
 « Hé! mon Dieu, qu'est cela? Hé! mon Dieu, qu'est
« cela? A quoi penserons-nous si nous ne pensons à ceci?
« Quand je médite cette éternité, je me pâme, je me
« perds, je ne sais ou j'en suis, je suis tout hors de
« moi-même, il me prend envie de faire comme le pro-
« phète, d'aller par toutes les rues, pleurant, criant
« à pleine tête : Éternité, éternité, éternité; *Intelligite*
« *insipientes in populo, et stulti aliquandò sapite.*
« Sommes-nous chrétiens, sommes-nous hommes? Où
« est notre foi? où est notre jugement si nous n'évi-
« tons de cent lieues loin le bord de ce précipice, la
« risque, le danger, l'ombre du danger de cette éternité
« malheureuse? Et n'est-il pas vrai, mes chers amis,
« n'est-il pas vrai que j'ai grand sujet de pleurer, quand
« je considère que tout cela étant, et même tout ce
« que j'ai dit n'étant rien en comparaison de ce qui
« est, vous n'y voulez pas penser? Et après cela vous
« me dites que vous êtes chrétiens! N'ai-je pas sujet de
« pleurer, quand je contemple que maintenant à l'heure
« où je vous parle, plusieurs de votre connaissance et
« de la mienne, plusieurs de ceux qui ont péché
« comme nous, qui ont péché à cause de nous, et moins
« que nous, endurent toutes ces peines? Et si vous me
« demandez : Quand est-ce qu'ils en sortiront? je

« vous réponds, et écoutez-moi : jamais, jamais, non
« jamais ils n'en sortiront. N'ai-je pas sujet de répandre
« des larmes de sang, quand je considère que de cette
« compagnie (Ah! mon Dieu, mon Seigneur!) de cette
« compagnie, de ceux qui sont ici, de ceux qui me
« voyent, de ceux qui m'entendent, il y en a qui souf-
« friront toutes ces peines que j'ai racontées et cent
« mille fois davantage? Oui, quelqu'un de nous, et
« qui n'y pense pas, et ce sera peut-être celui qui y
« pense le moins qui y ira possible cette semaine,
« ou ce mois, ou au plus tard avant que l'année
« finisse. Mon Dieu ! y en aura-t-il quelqu'un ? peut-
« être plus de deux qui brûleront en enfer de cette
« éternité ; peut-être plus de six, peut-être plus de
« douze de ceux-ci qui sont devant moi, de ceux ici
« même. Ne sera-ce point vous ? ne sera-ce point vous ?
« ne sera-ce point vous ? ne sera-ce point moi qui prê-
« che aux autres ? J'ai plus de sujet de le craindre que
« personne : priez Dieu pour moi, mes chers amis,
« priez Dieu qu'il me fasse miséricorde. Qui sera-ce de
« nous ? Est-il possible qu'il y en ait quelqu'un en cette
« compagnie si fortunée? Si je savais qu'il y en eût
« un seul en cette compagnie qui dût être de ce nom-
« bre, qui voulût persévérer en son péché, si je le sa-
« vais, si je le connaissais, je ne sais ce que je ferais,
« ce que je ne ferais pas ; je descendrais présente-
« ment de cette chaire, et, prenant un crucifix en main,
« soupirant et sanglotant, je me prosternerais à ses
« pieds, je le baignerais de mes larmes, je le prierais,
« je l'exhorterais, je le menacerais, je le conjurerais,
« je ne le quitterais pas qu'il ne m'eût donné espérance
« de sa conversion. Hélas ! lui dirais-je, êtes-vous donc
« ce reprouvé qui devez être à jamais l'objet de la

« colère de Dieu?.... Quoi! vous ne jouirez jamais de
« Dieu pour lequel vous avez été créé? vous ne le glo-
« rifierez jamais?...Sera-t-il dit que votre âme, qui est
« la sœur des anges, soit à jamais la compagne des dé-
« mons? que votre corps soit à jamais abymé dans un
« étang de feu et de soufre ardent? O que malheureux
« donc et infortunés sont votre père et votre mère d'avoir
« donné la vie à un avorton qui doit être la curée de
« la mort éternelle! Malheureuse et infortunée l'heure
« en laquelle ils parlèrent de se marier, puisque de
« leur mariage se devait éclore une si maudite en-
« geance! Malheureuse et mal employée la peine qu'on
« a prise à vous élever, la terre qui vous porte, le
« pain que vous mangez, l'air que vous respirez, puis-
« que tout cela ne sert qu'à nourrir et conserver un
« dénaturé, un ennemi irréconciliable de Dieu!......
« Chrétiens, ce que je dirais à ce réprouvé, je vous le
« dis à vous, et à vous, et à vous, et à moi premiè-
« rement, si nous ne changeons de vie et si nous ne
« faisons pénitence. Pensons-y : cela nous importe. »

L. Bonnet.

LELABOUREUR (Jean), né à Montmorency, en 1623, mort en 1675, a recueilli de bons matériaux pour notre histoire. Le P. Daniel en a profité pour corriger les erreurs de Mézeray, XV, 276.

LELAND (Jean), né à Wigan, dans le comté de Lancastre, en 1691, est auteur d'un ouvrage très remarquable qui a pour titre : *De l'Avantage et de la Nécessité de la Révélation chrétienne, constatées par l'état de la Religion dans l'ancien monde païen.* Il a été traduit en français sous le titre de *Démonstration évangélique*, 4 vol. in-12.

LEMAIRE (Nicolas-Éloi), chevalier de la Légion-d'Honneur, professeur de poésie latine à la Faculté des Lettres de l'Académie de Paris, dont il a été nommé doyen en 1826, né à Triancourt (Meuse), le 1er décembre 1767, est éditeur des *Classiques latins*, que nous avons eu souvent occasion de citer avec éloge.

LE MAISTRE. Notice, XVII, 275. — *Voy.* l'article BARREAU, II, 453. — Apprécié par Marmontel, avec citations, I, 119; II, 440.

LEMERCIER. Notice, XVII, 276. —Jugement par Chénier, 277.—Morceau choisi, 279. — *Voy.* dans le *Répertoire* ses jugements sur Aristophane, Beaumarchais, Boissy, Buffon, Dante et Gresset.

LEMIERRE. Notice par Parent, XVII, 281. — Jugements, par Palissot, 287; par La Harpe, avec des citations, 292.

LE MOINE. Notice, XVII, 323. — Jugements, par Marmontel, XXII, 173 et 175; par La Harpe, 324. — Analyses du poème de *Saint-Louis*, 332.

LEMONNIER (l'abbé). Notice, par H. Lemonnier, XVII, 346. — Fables choisies, 351.

LEMONNIER (ANDRÉ-HIPPOLYTE), né à Paris le 6 décembre 1795, a publié : 1° *Henri IV à Rouen en 1596*, pièce de vers mentionnée honorablement, en 1820, par l'Académie de Rouen; 2° *Course poétique dans les Alpes suisses*, poème couronné en 1822 par la même Académie, qui a admis l'auteur au nombre de ses membres; 3° (de concert avec M. F.), *Nouvelles Leçons françaises de Littérature et de Morale*, Paris, 1822, 2 vol, in-8; 4° divers opuscules, prose et vers. Il a donné dans le *Répertoire* un grand nombre de notices biographiques, entr'autres celles sur Abailard, Addison, Alfieri, Arioste, Baron, Bayle, De Belloy, putation dont il jouit. On a encore de lui les traductions de *Clarisse*, d'Ossian et de l'excellent ouvrage de Jenyns sur *l'Évidence du Christianisme.*—Apprécié par La Harpe, XX, 470, 479.—Sa traduction des *Nuits d'Young* appréciée par Diderot, XXX, 477.

LE VAYER. Notice par Parent, XVII, 406.

L'HOSPITAL. Notice, XVII, 411. — Apprécié par La Harpe, X, 283, 284.

LIBANIUS. Notice et jugement, avec quelques citations, par Thomas, XVII, 415. — Apprécié par La Harpe, XVII, 440.

LICENCE, par Marmontel, XVII, 422.

LIGNE (le prince de). Notice, XVII, 424.—Morceau choisi, 429. — *Voy.* dans le *Répertoire* ses jugements sur Gentil-Bernard, Boissy, Boufflers, Casti et autres.

LINGUET, célèbre avocat du XVIIIe siècle, né à Reims en 1736, condamné à mort par le tribunal révolutionnaire en 1794, a écrit sur tous les sujets sans connaissance et sans goût.—Apprécié par La Harpe, II, 475.

LINUS, l'inventeur du rhythme et de la mélodie, fut le maître d'Orphée, XX, 241.

LIPSE (JUSTE-), en latin, LIPSIUS, l'un des plus savants critiques du XVIe siècle, naquit à Isch, près de Bruxelles, en 1547, et mourut en 1606. L'édition la plus complète de ses *OEuvres* est celle de Wesel, 1675, 4 vol. in-8.

LITTLETON (Adam), mort en 1694, fut surnommé, à cause de ses vastes connaissances, *le grand dictateur de la littérature.* Son principal ouvrage est un *Dictionnaire latin-anglais* qui est d'un très grand usage en Angleterre.

LITTLETON (George), né en 1709, a donné *la*

Religion chrétienne, démontrée par la Conversion et l'Apostolat de saint Paul, 1747; ouvrage traduit en français par l'abbé Guenée, Paris, 1754, in-12; *Dialogue sur la Mort*, in-8; *Histoire de Henri II*, 1764, 3 v.

LINIÈRE (François-Paillot de), mort en 1704, à 76 ans, était, suivant Boileau, un bon chansonnier, VII, 74.

LITTÉRATURE, par Marmontel, XVII, 431; par La Harpe (*Discours sur l'état des Lettres en Europe*, etc.), 452.

LOCKE. Notice par Feller, XVIII, 1. — Cité à l'article Diderot.

LOKMAN, fameux philosophe d'Éthiopie ou de Nubie. Les Arabes en racontent mille fables. Ils prétendent qu'il était esclave, et qu'il fut vendu aux Israélites du temps de Salomon. Ils en rapportent plusieurs choses que les Grecs ont attribuées à Ésope. Nous avons un livre de *Fables* et de *Sentences* que les Arabes disent être l'ouvrage de Lokman; mais l'on croit que ce livre est moderne. S'il est vrai que Lokman est le même qu'Ésope, il paraît que les Grecs ont forgé l'histoire de celui-ci sur celle du premier, et que dans ce cas, comme dans beaucoup d'autres, ils se sont approprié, avec diverses altérations, les hommes et les évènements célèbres qui ont illustré l'Asie. Les fables et les apologues attribués à Lokman sont trop conformes au génie des peuples où l'on prétend qu'il a vécu, pour croire que les Arabes aient ici pillé les Grecs. Les historiens peignent Lokman comme un homme également estimable par ses connaissances et par ses vertus. C'était un philosophe taciturne et contemplatif, occupé de l'amour de Dieu, et détaché de celui des créatures. Des savants ont prétendu que Lokman était Salomon, et que ses apologues étaient ceux de ce philosophe-roi. « L'histoire des premiers philo-

Berquin, Boccace, Boiardo, Bonnet, Boufflers, Byron, Casti, Cervantes, Gessner, Lemonnier (l'abbé), Sévigné.

LEMONTEY (Pierre-Édouard), membre de l'Académie-Française, chevalier de la Légion-d'Honneur, né à Lyon en 1762, mort en 1826, remporta successivement deux prix d'éloquence à l'Académie de Marseille, l'un en 1785, pour l'*Éloge de Fabry de Peyresc*, et l'autre en 1788, pour l'*Éloge du capitaine Cook*. Il a publié, en outre, en 1795, une *Ode* fort remarquable, intitulée: *les Ruines de Lyon*; en 1798 l'opéra de *Palma, ou le Voyage en Grèce*, qui eut plus de cent représentations; en 1816, *Raison*; *Folie*; *Chacun son mot*; *Petit cours de Morale mis à la portée des vieux Enfants*, 3e édit., 2 vol. in-8, et en 1818 son *Essai sur l'Établissement monarchique de Louis XIV*, qui est l'introduction d'une *Histoire critique de la France, depuis la mort de Louis XIV*.

LENFANT (Alexandre-Charles-Anne), jésuite, l'un des plus grands prédicateurs de son temps, naquit à Lyon en 1726. Au sortir de ses études, qu'il fit chez les jésuites de cette ville, il fut envoyé à Marseille pour y professer la rhétorique, et débuta presqu'à la même époque dans la carrière de la prédication. Il ne tarda pas à se faire une brillante réputation, et dans les différentes villes qu'il parcourut, on accourait en foule pour l'entendre. Après la suppression de son ordre, en 1773, le P. Lenfant vint à Paris, où ses prédications n'eurent pas moins de succès. Diderot et d'Alembert le suivirent pendant un carême entier à Saint-Sulpice, et le premier disait qu'après avoir entendu cet éloquent prédicateur, il devenait difficile de rester incrédule. Le P. Lenfant n'a pas fait passer dans ses écrits toute la force et la persuasion qui animaient ses paroles dans la chaire. L'harmonie de sa voix, son air de conviction, quelquefois des raisonnements pleins de vigueur, ou des mouvements admirables, électrisaient son auditoire. Ses sermons, après l'impression, n'ont pas obtenu le succès que semblait présager le nom du P. Lenfant. La réputation de l'écrivain n'a pas égalé celle du prédicateur.

Le P. Lenfant périt victime de la révolution : conduit à la prison de l'abbaye le 30 août 1792, il reçut la mort le 3 septembre, après avoir prononcé ces paroles évangéliques, les dernières qui sortirent de sa bouche : *Mon Dieu, je vous remercie de pouvoir vous offrir ma vie, comme vous avez offert la vôtre pour moi.*

On a de l'abbé Lenfant deux *Oraisons funèbres*, celle du *Dauphin*, père de Louis XVIII, et celle de *monseigneur de Belzunce, évêque de Marseille*; des *Sermons pour l'Avent et le Carême*, Paris, 1818, 8 vol, in-12.

G. Belèze.

LE NORMAND, célèbre avocat du XVIIIe siècle, mort en 1745. —Mis en parallèle avec Cochin par Marmontel, XVI, 82.

LÉONARD. Notice, XVII, 357.—Jugements, par Palissot, 358; par Dussault, 360.—Morceaux choisis, 361.

LE SAGE.   Notice par Patin, XVII, 370. — Jugements, par La Harpe, 382; par Palissot, 391; par Patin, 393.

LESBONAX, ancien orateur grec. — Cité, X, 308.

LESSING. Notice, XVII, 401.

LE TOURNEUR (Pierre), né à Valognes dans la Basse-Normandie, mort à Paris en 1788, est connu par un grand nombre de bonnes traductions. Celles des *Nuits d'Young* et de Shakspeare lui ont mérité la réputation dont il jouit. On a encore de lui les traductions de *Clarisse*, d'Ossian et de l'excellent ouvrage de Jenyns sur *l'Évidence du Christianisme*.—Apprécié par La Harpe, XX, 470, 479.—Sa traduction des *Nuits d'Young* appréciée par Diderot, XXX, 477.

LE VAYER. Notice par Parent, XVII, 406.

L'HOSPITAL. Notice, XVII, 411. — Apprécié par La Harpe, X, 283, 284.

LIBANIUS. Notice et jugement, avec quelques citations, par Thomas, XVII, 415. — Apprécié par La Harpe, XVII, 440.

LICENCE, par Marmontel, XVII, 422.

LIGNE (le prince DE). Notice, XVII, 424.—Morceau choisi, 429. — *Voy.* dans le *Répertoire* ses jugements sur Gentil-Bernard, Boissy, Boufflers, Casti et autres.

LINGUET, célèbre avocat du XVIII⁹ siècle, né à Reims en 1736, condamné à mort par le tribunal révolutionnaire en 1794, a écrit sur tous les sujets sans connaissance et sans goût.—Apprécié par La Harpe, II, 475.

LINUS, l'inventeur du rhythme et de la mélodie, fut le maître d'Orphée, XX, 241.

LIPSE (JUSTE-), en latin, LIPSIUS, l'un des plus savants critiques du XVI⁹ siècle, naquit à Isch, près de Bruxelles, en 1547, et mourut en 1606. L'édition la plus complète de ses *OEuvres* est celle de Wesel, 1675, 4 vol. in-8.

LITTLETON (ADAM), mort en 1694, fut surnommé, à cause de ses vastes connaissances, *le grand dictateur de la littérature*. Son principal ouvrage est un *Dictionnaire latin-anglais* qui est d'un très grand usage en Angleterre.

LITTLETON (GEORGE), né en 1709, a donné *la*

Religion chrétienne, démontrée par la Conversion et l'Apostolat de saint Paul, 1747; ouvrage traduit en français par l'abbé Guenée, Paris, 1754, in-12; *Dialogue sur la Mort*, in-8; *Histoire de Henri II*, 1764, 3 v.

LINIÈRE (François-Paillot de), mort en 1704, à 76 ans, était, suivant Boileau, un bon chansonnier, VII, 74.

LITTÉRATURE, par Marmontel, XVII, 431; par La Harpe (*Discours sur l'état des Lettres en Europe*, etc.), 452.

LOCKE. Notice par Feller, XVIII, 1. — Cité à l'article Diderot.

LOKMAN, fameux philosophe d'Éthiopie ou de Nubie. Les Arabes en racontent mille fables. Ils prétendent qu'il était esclave, et qu'il fut vendu aux Israélites du temps de Salomon. Ils en rapportent plusieurs choses que les Grecs ont attribuées à Ésope. Nous avons un livre de *Fables* et de *Sentences* que les Arabes disent être l'ouvrage de Lokman; mais l'on croit que ce livre est moderne. S'il est vrai que Lokman est le même qu'Ésope, il paraît que les Grecs ont forgé l'histoire de celui-ci sur celle du premier, et que dans ce cas, comme dans beaucoup d'autres, ils se sont approprié, avec diverses altérations, les hommes et les évènements célèbres qui ont illustré l'Asie. Les fables et les apologues attribués à Lokman sont trop conformes au génie des peuples où l'on prétend qu'il a vécu, pour croire que les Arabes aient ici pillé les Grecs. Les historiens peignent Lokman comme un homme également estimable par ses connaissances et par ses vertus. C'était un philosophe taciturne et contemplatif, occupé de l'amour de Dieu, et détaché de celui des créatures. Des savants ont prétendu que Lokman était Salomon, et que ses apologues étaient ceux de ce philosophe-roi. « L'histoire des premiers philo-

« sophes dont les Grecs se glorifient (dit un critique
« célèbre), et dont la patrie n'est nullement certaine,
« contient un grand nombre d'altérations de nos di-
« vines Écritures; et spécialement quelques-uns des
« livres de Salomon (*le Sage* par excellence) ont eu
« l'influence la plus marquée dans les ouvrages des
« philosophes de la Grèce, sous différents noms, tra-
« duits de nos livres saints. Le Lokman des Orien-
« taux, loin d'avoir été l'Ésope des Grecs, selon le
« préjugé commun, reprendra son vrai nom de Salo-
« mon, lequel signifie *sage* en hébreu, et a été traduit
« par celui de Lokman, qui a le même sens en arabe.
« Les auteurs orientaux parlent beaucoup de la *sagesse*
« de Salomon. De ce personnage qu'ils ont altéré, ils
« en ont fait plusieurs, un entre autres sous le nom
« de *Lokman*. Ce mot est arabe, et est le même que
« celui de Salomon. Lokman est formé originaire-
« ment de l'article arabe *al*, et du mot *echm*, qui
« signifie *sage*. Dans la *Bibliothèque orientale* de
« M. d'Herbelot, on trouve sur le mot Lokman, Alhakim
« Lokman, Lokman *le Sage*. C'est exactement le sur-
« nom de Salomon, traduit en arabe. Quelques-uns
« ont prétendu qu'Ésope était le même personnage que
« Lokman et Bidpay, appelé vulgairement *Pilpay*, et
« ont, par conséquent, mis sur le compte de Lokman les
« *Fables* d'Ésope. Si Salomon a été masqué sous le nom
« de *Lokman*, cette découverte conduirait à un doute
« très grave sur quelques fables attribuées à Ésope,
« confondu avec Lokman. En attendant des éclaircis-
« sements sur un fait aussi important, nous ferons ob-
« server que l'on trouve dans les *Proverbes* de Salo-
« mon (VI, 6), la fable de la *Fourmi**, et celle du

---

* L'Écriture nous dit expressément qu'il composa trois mille paraboles

« *Pot de terre* et du *Pot de fer* dans l'*Ecclésiastique*
« (XIII, 2 et 3). Ce ne sont pas les seuls apologues qu'on
« rencontre dans l'Écriture-Sainte. On lit la fable des
« *Arbres qui se choisissent un roi* (*Judic.* IX, 8) celles
« du *Riche* et du *Pauvre*, et des *Deux fils* (II, *Reg.* XII,
« 1), du *Cèdre* et du *Chardon* (IV, *Reg* XIV, 9 et 11 ;
« *Paral*, XXV, 18.) Ainsi les écrivains sacrés ont évi-
« demment l'honneur de l'invention de l'apologue,
« puisque Hésiode, qui, long-temps avant Ésope, avait
« donné la fable de l'*Épervier* et du *Rossignol* (*Opera*
« *et Dies*, I, 200), est moins ancien que l'auteur
« du livre *Des Juges*, où nous trouvons la fable des
« *Arbres*. » On pourrait citer à l'appui de ces dévoile-
ments sur Lokman, un ouvrage intitulé : *Vie des
Écrivains étrangers, tant anciens que modernes, par
M. le Prévôt d'Exmes*, Paris, 1784, où sont rapprochés
les grands traits de ressemblance qui se trouvent entre
Salomon et Lokman. On pourrait citer encore *les Nouveaux Contes arabes, ou Supplément aux Mille et une
Nuits, suivis de Mélanges de littérature orientale et de
Lettres*. Dans les *Lettres* qui terminent cet ouvrage, on
prouve presque jusqu'à l'évidence que le Lokman des
Arabes est le premier fabuliste, que l'Ésope des Grecs
n'en est que le traducteur, et que son histoire, publiée
par le moine Planude, est fabuleuse et controuvée,
ainsi que le recueil d'apologues qu'il a compilé très
maladroitement. De plus, dans les *Pensées* et *Adages*
traduits de l'arabe, on trouve plusieurs maximes de nos
auteurs sacrés. Le premier adage est celui-ci : *La*

on apologues, et mille et cinq poèmes. » Locutus est Salomon tria millia pa-
» rabolas, et fuerunt carmina ejus quinque et mille. II, Reg. IV, 32. » Les
Septante ont *quinquies mille*, mais l'hébreu et le chaldéen sont conformes à
la Vulgate.

crainte de Dieu est le commencement de la sagesse. Ces rencontres singulières paraissent embarrasser le traducteur. Il les attribue à l'*influence éternelle de la nature, toujours uniforme dans ses opérations, soit morales, soit physiques.* Mais, sans critiquer l'espèce de phébus qu'on croit apercevoir dans cette *influence éternelle de la nature,* et sans demander au traducteur pourquoi cette *influence éternelle* n'a pas produit les mêmes adages chez tous les philosophes et chez toutes les nations, nous nous bornerons à remarquer que cette ressemblance des moralistes arabes avec ceux de l'Écriture, reçoit une explication aussi simple que satisfaisante des observations que nous venons de faire. Erpénius a publié les *Fables* de Lokman en arabe et en latin, 1636 et 1656, in-4, et M. Caussin en a donné une meilleure et plus estimée, en 1818. Galland les traduisit en français, avec celle de Bidpay, Paris, 1714, 2 vol. in-12; et Gueullette, en 1724.

Feller, *Dictionnaire historique.*

LOISEAU, avocat du XVIII siècle.—Mérite de ses mémoires judiciaires, II, 472.

LONGEPIERRE. Notice, XVIII, 6. — Jugement par Palissot, 8. — Morceaux choisis, *ibid.*

LONGIN. Notice, XVIII, 12. — Jugements, par Fénelon, 13; par La Harpe, 14.

LONGUS. Notice et jugement par Villemain, XVIII, 49.

LOPEZ de VEGA. Notice et jugement par Bouterwek, XVIII, 54. — Apprécié, par Marmontel, VIII, 311; XXII, 157; par La Harpe, II, 177.

LOUIS de LÉON, né à Grenade en 1527, mort en 1591, mis à l'inquisition pour avoir commenté le *Cantique des Cantiques.* Son principal ouvrage est : *De utriusque agni, typici et veri, immolationis legitimo tempore ;* traduit en français par le P. Daniel, Paris, 1695, in-12. — Éloge de son *Ode* sur l'invasion des Maures, XVIII, 184.

LOWTH (Robert), né en 1710, a laissé entre autres ouvrages le traité *de sacrâ Hebræorum Poesi*, souvent réimprimé. M. Roger en a donné une bonne traduction en 2 vol. in-8. — Apprécié par La Harpe, IV, 100. — Caractère distinctif de chacun des prophètes, par Lowth, IV, 190. — Sa *Dissertation sur le Cantique des Cantiques*, VI, 486.

LOYSON. Notice par Patin, XVIII, 78.—Morceaux choisis, 87. — *Voy*. dans le *Répertoire* son jugement sur André Chénier. — *Voy*. aussi les articles ovide, silius italicus et tibulle aux morceaux choisis.

LUCAIN. Notice par Voltaire, XVIII, 94. — Jugements, par le même, 96 ; par Blair, 99 ; par La Harpe, avec des citations, 107 ; par Marmontel, XII, 408.

LUCE de LANCIVAL. Notice, XVIII, 130. — Morceaux choisis, 132.

LUCIEN. Notice par Rollin, XVIII, 137. — Jugements, par La Harpe, 143 ; par Thomas, 145.

LUCILE. Notice et jugement par Rollin, XVIII, 148. — Apprécié par Horace et Quintilien, XV, 364.

LUCRÈCE. Notice par Pongerville, XVIII, 153. — Jugements, par La Harpe, 159 ; par de Fontanes, 160 ; par Amar, 162. —Morceaux choisis, 167.

LUNEAU de BOISGERMAIN, né à Issoudun en 1752, mort en 1801, a publié *les vrais Principes de la Lecture et de l'Orthographe;* une édition de Racine avec des commentaires, 1769, in-8. —Cité par La Harpe, XXIII, 347.

LYCURGUE, ancien rhéteur, est le premier qui ait réuni les ouvrages d'Homère.—Ce qu'on en dit, X, 308.

LYRIQUE, par Marmontel, XVIII, 177.

LYSIAS. Notice par Rollin, XVIII, 193. — Cité par La Harpe, X, 308.

M

MABILLON (Jean), membre de l'Académie des Inscriptions, né en 1632, mort à Paris en 1707, a rendu de grands services aux lettres. On a de lui : *Acta Sanctorum ordinis sancti Benedicti*, Paris, 1668, 9 vol. in-fol. ; *De Re diplomaticâ, libri* IV, Paris, 1709, in-fol. ; *Annales ordinis sancti Benedicti*, 4 vol. in-fol. — Apprécié par La Harpe, XVI, 276.

MABLY. Notice par de Brotone, XVIII, 195. — Morceau choisi, 206. — Cité par La Harpe, XX, 26.

MACHIAVEL. Notice, XVIII, 209. — Jugement par La Harpe, XVII, 452.

MACROBE. Notice par Rollin, XVIII, 212.

MAFFEI. Notice, XVIII, 213. — Apprécié par La Harpe, XXIX, 399 et suiv.

MAIMBOURG (Louis), jésuite, né à Nancy en 1610, mort en 1686, est auteur de plusieurs ouvrages historiques dont la collection forme 14 vol. in-4.

MAINTENON (madame de), née en 1635, morte en 1719. La Beaumelle a publié les *Lettres de madame de Maintenon*, Amsterdam, 1756, 9 vol. in-12.

MAIRET. Notice, XVIII, 217. — Jugement, par La Harpe, IX, 48.

MAISTRE (le comte Joseph de), chevalier grand'-croix des Ordres de Saint-Maurice et de Saint-Lazare, naquit à Chambéry le 1er avril 1753, d'une famille originaire de France, établie en Piémont, et fut nommé sénateur à Chambéry en 1787. Obligé de s'expatrier en

1793, lors de l'invasion des Français dans la Savoie, il suivit son souverain dans l'île de Sardaigne en qualité de régent de la grande chancellerie, fut envoyé ensuite, en 1803, à la cour de Russie, comme ministre plénipotentiare, et ne quitta ces fonctions qu'en 1817. Il mourut en 1821.

M. de Maistre était un des six membres nationaux non résidents de l'Académie des Sciences de Turin, reconstituée en 1815. On a de lui : *Éloge de Victor-Amédée III*, imprimé à Lyon en 1775 ; *Discours prononcé par les Gens du Roi à la rentrée du Sénat de Savoie*, 1784 ; deux *Lettres d'un Royaliste savoisien à ses Compatriotes*, 1793, in-8 ; *Adresse de quelques Parents des Militaires savoisiens à la Nation française*, 1796, publiée par Mallet Du Pan ; *Jean-Claude Têtu, maire de Montagnole*, 1795, in-8 ; *Considérations sur la France*, 1796, 1797, 1814, in-8. Ce dernier eut à sa publication un succès prodigieux ; et, quoiqu'il fût sévèrement défendu par la police, il s'en fit à Paris trois éditions dans la même année. Le Directoire exécutif avait publié, avec les pièces saisies dans la conspiration du 18 fructidor (4 septembre 1797), une *Lettre* de félicitation, adressée à l'auteur par le roi Louis XVIII. On a encore de lui : *Essai sur le Principe régénérateur des Constitutions politiques*, 1810, in-8, réimprimé à Paris en 1814, in-8 ; *Sur les Délais de la Justice divine dans la Punition des Coupables*, traduit du grec de Plutarque, avec des notes, etc., 1816, in-8 ; *les Soirées de Saint-Pétersbourg*, 2 vol. in-8, et l'ouvrage intitulé : *Du Pape*, in-8.

MAISTRE (le comte Xavier de), frère du précédent, général-major au service de Russie, chevalier de l'Ordre de Saint-Wladimir, est né à Chambéry en 1764.

Destiné à la carrière des armes, il entra au service de Sardaigne en qualité d'officier dans le régiment d'infanterie de la marine, et fit les dernières guerres d'Italie. Après les désastres de sa patrie, il s'attacha au feld-maréchal Suwarow, le suivit en Russie, et y prit du service. Il y est aujourd'hui fixé, avec le grade de général.

Les travaux de la guerre n'empêchèrent pas M. de Maistre de se livrer à la littérature. Il s'annonça, en 1794, par un *Voyage autour de ma Chambre*, badinage philosophique qui obtint un grand succès en France et à l'étranger. *Le Lépreux de la cité d'Aost*, qu'il publia à Saint-Pétersbourg en 1811, est une production non moins remarquable. Il vient de paraître une suite de son *Voyage*, qui n'est en rien inférieure à la première partie, et deux nouvelles intitulées : *les Prisonniers du Caucase*, et *la Jeune Sibérienne*, où l'on retrouve le talent vrai et original qui a fait le succès de toutes ses productions.

MALEBRANCHE. Notice par Favier, XVIII, 218. — Jugements, par d'Aguesseau, 224; par La Harpe, *ibid.*—*Voy.* dans le *Répertoire* le jugement qu'il a porté sur Montaigne.

MALFILATRE. Notice, XVIII, 225. — Jugement, par La Harpe, 227. — Morceaux choisis, 234.

MALHERBE. Notice, XVIII, 238.—Jugements, par La Harpe, 243 ; par Marmontel, XIV, 116 ; XX, 222.

MALLEVILLE. Notice, XVIII, 248. — Jugement par La Harpe, 249.

MALTE-BRUN (Conrad), littérateur et géographe estimé, né en 1775, dans le Jutland, province du Danemark, mort en décembre 1826, a publié un grand nombre de *Mémoires* géographiques et d'articles de littérature. Son principal ouvrage est le *Précis de Géographie universelle*, dont il n'a donné que les cinq premiers volumes in-8. — *Voy*. dans le *Supplément* à notre *Répertoire* son article sur Tyrtée.

MANILIUS (Marcus), poète latin, florissait vers la fin du règne d'Auguste. On n'est pas d'accord sur le lieu de sa naissance. Quelques auteurs ont prétendu qu'il était étranger, parce que son poème est rempli de tournures singulières, et que d'ailleurs le nom de Manilius ne se trouve cité par aucun auteur contemporain. Mais il faut observer que Manilius, traitant un sujet nouveau, devait employer des expressions jusqu'alors étrangères à la poésie; de plus, il ne commença à écrire que dans un âge fort avancé, puisqu'il désire une longue vieillesse afin de pouvoir terminer son ouvrage. L'époque de sa mort n'est pas connue.

Le poème de Manilius est intitulé *Astronomicon* (les *Astronomiques*). Il resta ignoré jusqu'au règne de Constantin, et ce fut à cette époque que Julius Firmicus, en ayant recouvré une copie, le fit connaître en y ajoutant des commentaires, ou plutôt en le traduisant en prose. Pogge le découvrit dans le XVe siècle, et enfin J. Muller le publia le premier. Le poème des *Astronomiques* est divisé en cinq livres; le premier et le dernier sont les plus intéressants par le sujet, et se font remarquer par la beauté des épisodes. Pingré, qui a donné une excellente analyse de l'ouvrage entier dans l'édition qu'il en a publiée, s'exprime en ces termes : « Le style de Manilius est poétique, énergique, digne « du siècle d'Auguste, mais trop abondant, défaut « qu'on reproche aussi à Ovide. » M. Delambre n'en porte pas un jugement aussi favorable dans son *Histoire de l'Astronomie*.

« Manilius, dit La Harpe, écrivant sous Tibère, pa-
« raît déjà loin du siècle d'Auguste. Sa physique est
« fort mauvaise, et sa diction souvent dure, quoiqu'il
« ne manque pas de force poétique. » (*Cours de Littérature.*)

L'édition originale de l'*Astronomicon* est celle que publia Muller en 1473, in-folio. Depuis il a paru de cet ouvrage de nombreuses éditions; mais on doit préférer celle de Strasbourg, 1655, in-4, avec les notes de Scaliger; et celle de Paris, 1786, 2 vol. in-8, avec les notes et la traduction de Pingré.

G. BELÈZE.

MARC-AURÈLE. (MARCUS AURELIUS ANTONINUS AUGUSTUS), surnommé *le Philosophe*, empereur romain, l'un des plus grands princes de l'antiquité païenne, naquit à Rome l'an 121 de J.-C., et mourut l'an 180. Il a laissé douze livres de *Réflexions morales* en grec et en latin, Londres, 1707, ouvrage traduit en français par madame Dacier, Paris, 1691, in-12. — Thomas a publié l'*Éloge de Marc-Aurèle*.

MARCHAND (PROSPER), savant littérateur, mort en 1756, fut un des principaux auteurs du *Journal littéraire*. On lui doit aussi : *Histoire de l'Imprimerie*, 1740, in-4; *Mémoires critiques et littéraires*, 1780, 2 vol. in-folio. Il ne faut pas le confondre avec Jean-Henri Marchand, avocat à Paris et censeur royal, qui obtint par ses nombreux opuscules un succès éphémère.

MARCHANGY. Notice par Laugier, XVIII, 251.

MARIANA (JEAN DE), savant espagnol, né en 1536 à Talavera, mort en 1623, a laissé entre autres ouvrages l'*Histoire générale de l'Espagne* en trente livres, qu'il traduisit lui-même du latin en espagnol, Madrid 1678, in-fol.; La Haye, 1733, 4 vol. in-fol. Cet ouvrage a été traduit en français par le P. Charenton. On doit aussi à Mariana le fameux traité *De Rege et Regis Institutione, libri* III, Toleti, 1599, in-4.

MARIVAUX. Notice par Duviquet, XVIII, 255. — Jugements, par La Harpe, 261; par Duviquet, 270; par Marmontel, I, 120.

MARMONTEL. Notice par Laugier, XVIII, 279. — Jugements, par La Harpe, avec l'analyse de ses ouvrages, 291; par Morellet (Marmontel et La Harpe), 378; par Dussault (même sujet), 379; par Villemain (même sujet), 380. — Morceaux choisis, 383. *Les Éléments de Littérature* de Marmontel sont reproduits en entier dans notre *Répertoire.* — *Voy.* en outre ses jugements sur Maury et Thomas.

MAROT. Notice, XVIII, 396. — Jugements, par La Harpe, avec des citations, 399; par Marmontel, également avec des citations, I, 363.

MARSOLLIER-DESVIVETIÈRES (Benoit-Joseph), né à Paris, en 1752, mort en 1817, a enrichi l'Opéra-Comique de plusieurs pièces que l'on revoit toujours avec plaisir. Madame la comtesse Beaufort d'Hautpoul, sa nièce, a publié les *OEuvres de Marsollier*, précédées d'une notice fort intéressante, Paris, 3 vol. in-8.

MARSY (François-Marie de), né à Paris, a publié: l'*Histoire de Marie Stuart,* 3 vol. in-12; l'*Histoire moderne,* 30 vol. in-12; *le Rabelais moderne; le Prince,* traduit de Fra-Paolo; un poème latin sur la *Peinture.* — Apprécié par La Harpe, XVII, 293 et suiv.

MARTIAL. Notice par Rollin, XVIII, 421. — Jugement par La Harpe, 423.

MARTIAL, de Paris, vieux poète français, mesure de vers dont il se servait, XVIII, 404.

MASCARON. Notice par Favier, XVIII, 427 — Jugements, par Thomas, 429; par La Harpe, 432 — Morceaux choisis, 444.

MASSILLON. Notice par d'Alembert, XIX, 1. — Jugements, par Chateaubriand, 21; par Villemain, 22; par La Harpe 22; par Marmontel, VI, 451; XV, 160. — Morceaux choisis, XIX, 57.

MAURY. Notice par Favier, XIX, 67. — Jugements, par Marmontel, 72; par Palissot, 73; par Dussault, 74; par La Harpe, 75. — *Voy.* dans le *Répertoire* ses jugements sur Arnauld, Bossuet, Bourdaloue, Bridaine, Fénelon, Démosthène, Thomas et beaucoup d'autres.

MAYNARD. Notice par Parent, XIX, 87. — Jugement par La Harpe, 91. — Morceaux choisis, 93.

MÉMOIRES, par Marmontel, XIX, 97; par La Harpe, 114.

MÉNAGE (Gilles), né le 15 août 1613 à Angers, d'une famille honnête, montra de bonne heure des dispositions pour les sciences. Après avoir fait avec succès ses humanités et sa philosophie, il se fit recevoir avocat, et plaida pendant quelque temps à Angers, à Paris et à Poitiers. Il se dégoûta ensuite du barreau, embrassa l'état ecclésiastique, et obtint des bénéfices qui le mirent dans l'aisance. Il se livra alors tout entier à l'étude des belles-lettres. Chapelain le fit entrer chez le cardinal de Retz; mais s'étant brouillé avec les personnes qui demeuraient chez cette éminence, il en sortit, et alla habiter dans le cloître Notre-Dame, où il tenait chez lui, tous les mercredis, une assemblée de gens de lettres. Ménage avait beaucoup d'érudition, et citait sans cesse, dans ses conversations, des vers grecs, latins, italiens, français. Ses vers italiens lui méritèrent une place à l'Académie de la Crusca. L'Académie-Française lui aurait aussi ouvert ses portes sans sa *Requête des Dictionnaires*, satire plaisante contre le *Dictionnaire* de cette compagnie. Ce qui fit dire à Montmaur : « C'est justement à cause de cette pièce « qu'il faut condamner Ménage à être de l'Académie, « comme on condamne un homme qui a déshonoré « une fille à l'épouser. » L'humeur de Ménage était celle d'un homme aigre, méprisant et présomptueux. Sa vie fut une guerre continuelle. L'abbé d'Aubignac, Gilles Boileau, frère du satirique, Cotin, Sallo, Bouhours, Baillet, furent les principaux objets de sa haine. Sa querelle avec l'abbé d'Aubignac vint de ce qu'après avoir discuté les beautés de détail des comédies de Térence, ils ne furent pas d'accord sur celle de ses pièces qui méritait le premier rang. Après divers écrits de part et d'autre, et beaucoup d'injures répandues sur le papier, tout le feu de Ménage s'éteignit. Il affecta des remords de conscience ; il dit qu'il avait juré de ne jamais écrire ni lire des libelles. Ses scrupules furent mal interprétés. On plaisanta sur sa dévotion, qui ne paraissait pas trop s'accorder avec d'autres goûts. Ménage avait eu de attentions tendres pour mesdames de La Fayette et de Sévigné. Il aima sur-tout la première, lorsqu'elle s'appelait mademoiselle de la Vergne, et la célébra sous le nom de *Laverna*. L'équivoque de ce mot avec le mot latin *Laverna*, déesse des voleurs, occasiona une épigramme en vers latins, dont le sel tombe sur la réputation de *fripier de vers* que s'était faite Ménage. Il mourut en 1692, à 79 ans. Ses ennemis le poursuivirent jusque dans le tombeau.

C'est à ce sujet que le célèbre La Monnoye fit cette épigramme :

> Laissons en paix monsieur Ménage ;
> C'était un trop bon personnage
> Pour n'être pas de ses amis.
> Souffrez qu'à son tour il repose ,
> Lui, dont les vers et dont la prose
> Nous ont si souvent endormis.

On l'accusait de n'avoir que de la mémoire. Un jour s'étant trouvé chez madame de Rambouillet, avec plusieurs dames, il les entretint de choses fort agréables qu'il avait retenues de ses lectures. Madame de Rambouillet, qui s'en apercevait bien, lui dit : « Tout ce « que vous dites, Monsieur, est agréable ; mais dites- « nous quelque chose présentement de vous. »

On a de ce savant : 1° *Dictionnaire étymologique, ou Origines de la Langue française*, dont la meilleure édition est celle de 1750, en 2 v. in-fol., par les soins de M. Jault, professeur au Collège - Royal, qui a beaucoup augmenté cet ouvrage, utile à plusieurs égards, mais très souvent ridicule par le grand nombre d'étymologies fausses, dont il fourmille. 2° *Origines de la Langue italienne*, Genève, 1685, in-fol. ; ouvrage qui a le mérite et les défauts du précédent. Ménage a recueilli ce qu'il a trouvé sur ce sujet dans divers ouvrages italiens, et plusieurs académiciens de Florence lui ont fourni des matériaux. 3° Une édition de Diogène Laërce, avec des observations et des corrections estimées. 4° *Remarques sur la Langue française*, en 2 vol. in-12, peu importantes. 5° *L'Anti-Baillet*, en 2 vol. in-12 : c'est une réfutation des *Jugements des Savants*. Baillet l'y avait fort maltraité, Ménage voulut s'en venger ; mais, en relevant les fautes de Baillet, il en fit de nouvelles que La Monnoye releva à son tour dans ses *Remarques sur l'Anti-Baillet*. 6° *Histoire de Sablé*, 1686, in-fol., savante et minutieuse. 7° Des *Satires* contre Montmaur, dont la meilleure est la *Métamorphose* de ce pédant en *perroquet* : on les trouve dans le recueil de Sallengre. 8° Des *Poésies* latines, italiennes, grecques et françaises, Amsterdam, 1687, in-12. Les dernières sont les moins estimées. On n'y trouve que des épithètes, de grands mots vides de sens, des vers pillés de tous côtés et souvent mal choisis. 9° *Juris civilis Amœnitates*, Paris, 1667, in-8. On donna après sa mort un *Menagiana*, d'abord en 1 vol., ensuite en 2, enfin en 4, l'an 1715. Cette dernière édition est due à La Monnoye, qui a enrichi ce recueil de plusieurs remarques qui l'ont tiré de la foule des *Ana*. Il y a pourtant des choses inutiles. Le IIIe et le IVe sont entièrement de l'éditeur.

FELLER, *Dictionnaire historique*.

MÉNANDRE. Notice par Rollin, XIX, 130. — Apprécié, par Marmontel, II, 92 et suiv.; par La Harpe, VIII, 308.

MENG-TSEU ou **MENCIUS**, comme l'appelèrent les missionnaires français qui écrivirent en latin, vient après Confucius dans la vénération des Chinois; et le nom qu'ils lui donnent est celui d'*ya-ching*, ou *le second saint*. Comme Confucius il vécut dans les cours, passant d'un royaume à l'autre, entretenant les princes, les ministres, les sujets, et prodiguant à tous avec une sévère franchise des conseils qu'on écoutait avec respect, mais qu'on ne se mettait guère en peine de pratiquer. Aussi, las à la fin de tant de soins inutiles, il se retira dans la ville de Tseou où il était né, et il y mourut, à l'âge de quatre-vingt-quatre ans, trois cent quatorze ans avant J.-C., entouré de l'amour de ses disciples et de l'admiration des peuples. Sa mémoire est adorée par les lettrés presqu'à l'égal de celle de Confucius; et, suivant un usage des Chinois, qui tiennent compte aux descendants des mérites de leurs ancêtres, ses descendants sont chargés par le droit de leur naissance d'expliquer dans l'Académie impériale des *Han-lin* les traditions relatives aux livres classiques.

Les ouvrages de Meng-tseu sont peut-être les plus beaux de tous ces livres; et les Européens qui ont acquis le droit d'en juger les trouvent plus riches en utiles maximes que ceux mêmes de Confucius. Ils se composent de quatre parties; la première seulement vient d'être traduite en latin littéral et publiée aux frais de la Société asiatique par un jeune savant en qui l'étendue des connaissances a devancé la maturité de l'âge, M. Stanislas Julien, déjà connu par des traductions de Coluthus et de poésies grecques modernes.

Ce premier livre traite presque uniquement du gouvernement et des devoirs des rois. Le philosophe de Tseou y rapporte ses entretiens avec divers princes; et dans ses interrogatoires pressants, dans ses réponses habiles et simples, dans les formes de son dialogue, on retrouve quelques-unes des formes du dialogue socratique.

On rapporte qu'à la lecture de Meng-tseu, l'empereur Houng-wou, fondateur de la dynastie des *Ming*, fut choqué de l'irrévérence de ses propos, et entra contre le sage en une violente colère. « Il n'est pas « convenable, s'écria-t-il, de parler ainsi des princes ! « Qu'on lui enlève les honneurs qu'il partage avec « Confucius et dont il est indigne; qu'on efface ses ti- « tres; qu'on rejette du temple ses images ! » Il ordonna même qu'on ne pourrait lui présenter de placet à ce sujet, avant que le solliciteur lui-même n'eût été frappé d'une flèche. Un tel décret répandit parmi les lettrés l'épouvante et le découragement ; un seul, nommé Thsiang-tang, osa composer une justification de Meng-tseu ; puis, s'étant préparé un cercueil, il s'achemina vers le palais. Aux premières portes, il s'adressa aux gardes : « Voici, dit-il, un écrit que j'ai « composé pour Meng-tseu. » Et découvrant sa poitrine : « Frappez-moi, » ajouta-t-il. En effet un garde lui lança une flèche, et on alla porter l'écrit à l'empereur en lui racontant le malheur du lettré. Houng-wou, touché à la fois de la justesse de ses raisons et de la générosité de son dévouement, lui envoya son médecin, et peu de temps après rendit au sage tous ses honneurs.

H. R.

MERCIER. Notice et jugement par Dussault, XIX, 132. — Cité par La Harpe, XVI, 410.

MERVEILLEUX, par Marmontel, XIX, 140.

MERVILLE (Pierre-François CAMUS dit), né à Pontoise en 1783, s'est fait connaître avantageusement comme auteur dramatique. On a de lui plusieurs pièces qui ont eu du succès, entr'autres, *les Deux Anglais; la Famille Glinet; l'Homme poli ; les Quatre Ages* et *le Frère et la Sœur.*

MÉTASTASE. Notice, XIX, 151. — Apprécié par Marmontel, I, 153; par La Harpe, XVI, 410.

MÉZERAY. Notice, XIX, 156. — Morceaux choisis, 161. — Apprécié par Voltaire, avec citation, XII, 262 ; par La Harpe, XV, 276.

MICHAUD. Notice, XIX, 164. — Morceaux choisis, 167. — *Voy.* dans le *Répertoire* le jugement qu'il a porté sur Darwin.

MILLEVOYE. Notice, XIX, 172. — Jugement par de Pongerville, 177. — Morceaux choisis, 178.

MILLOT (Xavier, l'abbé), de l'Académie-Française, né à Besançon en 1716, mort en 1785, a publié *Éléments de l'Histoire de France*, Paris, 1800, in-12; *Éléments de l'Histoire d'Angleterre*, 1806, in-12; *Éléments de l'Histoire universelle*, 9 vol. in-12; ces trois ouvrages ont été réimprimés en 15 vol. in-8. On lui doit aussi une *Traduction des Harangues choisies des Historiens latins.*

MILTON. Notice par Favier, XIX, 184. — Jugements, par Voltaire, 192; par Blair, 196; par La Harpe, 201; par Villemain, 207; par Chênedollé, 216; par Marmontel, XIV, 395. — Morceaux choisis (traduction de Delille), XIX, 219.

MIMNERME, poète grec. — Ses élégies ne nous sont connues que par les témoignages des critiques.

MIRABEAU (Victor RIQUETI marquis de), né à Perthuis le 5 octobre 1715, mort à Argenteuil le 13 juillet 1789, est auteur de *l'Ami des Hommes* et d'une *Dissertation sur la Poésie sacrée de Le Franc de Pompignan*, critiquée par la Harpe, XVII, 190 et suiv.

MIRABEAU (le comte de), fils du précédent. — Notice par Favier, XIX, 229. — Jugements, par La Harpe, avec des citations, 235; par Marmontel, XXVIII, 52, 53.

MOEBIUS (George), théologien luthérien, né en 1616, mort en 1697, a réfuté l'*Histoire des Oracles* de Van-Dale, XIV, 164.

MOEURS, par Marmontel, XIX, 252.

MOISE. Éloge des lois qu'il a données au peuple juif, XI, 243. — Ses *Cantiques* appréciés par Marmontel, VI, 300.

MOLIÈRE. Notice par Voltaire, XIX, 284. Jugements, par Fénelon, 296; par Voltaire, avec l'analyse de ses pièces, 299; par La Harpe (de la comédie avant Molière), 331; de Molière, 335; précis sur différentes pièces de Molière, 342; *le Misanthrope*, 371; *le Tartufe*, 406.—Morceaux choisis, 419.— Apprécié par Marmontel, XIV, 424; XVI, 13.

MOLLEVAUT (Charles-Louis), membre de l'Académie des Inscriptions et Belles-Lettres, né à Nancy, a donné en prose les traductions de l'*Énéide*, de la *Vie d'Agricola*, et de *Salluste*; en vers, celles de *Tibulle*, des *Amours d'Ovide*, d'un choix de Catulle et Properce. Il a aussi publié récemment une traduction en vers de l'*Énéide*. On doit à M. Mollevaut, comme auteur original, un recueil d'*Élégies*, un poème des *Fleurs* en quatre chants, et cent *Fables* de quatre vers chacune.

MONCHESNAY (Jacques de), ami de Boileau, né à Paris en 1665, mort en 1740, a donné plusieurs pièces au Théâtre-Italien. Il est aussi l'auteur de *Bolæana*. — Cité par La Harpe, IX, 333.

MONTAIGNE. Notice, XIX, 437.—Jugements, par lui-même, 444; par Malebranche, 445; par Voltaire, 446; par Villemain, 447; par Le Clerc, 449; par Marmontel, XIV, 414; IX, 415.—*Voy.* dans le *Répertoire* ses jugements sur César et sur Plutarque.

MONTESQUIEU. Notice par Auger, XX, 1. — Jugements, par Chateaubriand, 11; par Villemain, 12;

par La Harpe, 18. — Morceaux choisis, 44. — *Voy.* dans notre *Répertoire*, le jugement qu'il a porté sur Aristote.

MONTFAUCON (dom Bernard de), l'un des savants les plus distingués qu'ait produits la congrégation de Saint-Maur, naquit au château de Soulage, le 17 janvier 1655, et mourut le 21 décembre 1741.—Services qu'a rendus aux lettres ce laborieux bénédictin, XV, 276.

MONTFLEURY. Notice, XX, 65.

MONTPENSIER (mademoiselle), née à Paris en 1627, morte en 1693, a laissé des *Mémoires*, dont l'édition la plus complète est celle d'Amsterdam, 1755, 8 vol. in-12. — Quoique mal écrits, ils sont instructifs, XIX, 117.

MOORE. Notice, XX, 67.

MORALITÉ, par Marmontel, XX, 68.

MORALITÉS, par Marmontel, XX, 73.

MORELLET. Notice, XX, 75. — *Voy.* dans le *Repertoire* le jugement qu'il a porté sur Marmontel.

MORGAN (lady). Notice, XX, 82.

MOSCHUS. *Voy.* Bion.

MOTTEVILLE (madame de). Notice biographique et littéraire, XX, 84.

MOUHY. Notice, XX, 84.—Apprécié par La Harpe, XIX, 117.

MOUVEMENT DU STYLE, par Marmontel, XX, 87.

MUET, par Marmontel, XX, 98.

MULLER. Notice, XX, 108. — Jugements, par madame de Staël, 112; par Chénier, 116.

N

NARRATION, par Marmontel, XX, 118.

NARRATION ORATOIRE, par Marmontel, XX, 136.

NASALE, par Marmontel, XX, 139.

NEUVILLE. Notice, XX, 149. — Jugement par Maury, 150.

NEUFCHATEAU. Notice, XX, 142. — Morceaux choisis, 144.—*Voy.* dans le *Répertoire* le jugement qu'il a porté sur Amyot.

NECKER (Jacques), né à Genève en 1734, mort en 1804, a donné, entr'autres ouvrages : *De la Législation et du Commerce des Grains*, 1775, in-8; *De la Révolution française*, 1797, 3 vol. in-8 ; *Cours de Morale religieuse*, 1800, 3 vol. in-8.

NEMESIANUS (Marcus AURELIUS-OLYMPIUS), poète didactique latin, florissait vers la fin du IIIe siècle. Il composa sous le titre de *Cynégitiques*, d'*Hyaleutiques* et de *Nautique*, trois poèmes sur la chasse, sur la pêche et sur la navigation. Il ne nous est parvenu qu'une partie du premier de ces poèmes, avec quelques vers des deux autres. Quelques érudits attribuent à Nemesianus, quatre *Églogues* que les manuscrits réunissent aux sept que personne ne conteste au poète bucolique Calpurnius, son contemporain et son ami.

NEVIUS, poète comique latin, dont il ne nous reste rien, XXI, 449.

NEWTON (Isaac), l'un des plus grands génies que l'Angleterre ait produits, né à Wolstrop en 1642, mort en 1727, avait posé à vingt-quatre ans les fondements de ses deux célèbres ouvrages, les *Principes* et l'*Optique*; le premier parut en 1687, sous le titre de *Principia mathematica Philosophiæ naturalis*, in-4, traduit en français par madame Du Châtelet; le second, l'*Optique*, ou traité *De la Lumière et des Couleurs*, parut en 1704, traduit en latin par Clarke, Londres, 1719, in-4, et en français par Coste, Paris, 1722, in-4. On a recueilli tous les ouvrages de Newton en 1779, 5 vol. in-4.

NICERON (Jean-Pierre), savant religieux, né à Paris en 1685, mort en 1738, a laissé des *Mémoires pour servir à l'Histoire des Hommes illustres dans la République des Lettres*, Paris, 44 vol. in-12.

NICOLE. Notice, XX, 157.—Morceaux choisis, 159.

NIGOOD, pseudonyme du marquis de Villette, V, 86 et suiv.

NIVERNOIS. Notice, XX, 163. — Jugement par Palissot, 166. — Morceaux choisis, 169.

NOAILLES (le maréchal de).—Ses *Mémoires* appréciés, XIX, 106.

NOBLESSE, par Marmontel, XX, 174.

NOCETTI, jésuite italien, a fait un poème latin sur les *Aurores boréales*, traduit par Roucher dans son poème des *Mois*, XXV, 62.

NOEL de LA MORINIÈRE (Siméon-Barthelemy-Joseph), membre de plusieurs Académies françaises et étrangères, inspecteur général des pêches, naquit à Dieppe en 1765, et mourut à Drontheim en Norwège en 1822. L'Académie de Rouen a accordé en 1823 une mention honorable au *Discours* que M. de la Morinière lui avait envoyé sur un des points de l'histoire de Normandie; il a aussi laissé en manuscrit, quelques *Poésies*, et 5 vol. de son *Histoire générale des Pêches*, dont les gouvernements étrangers s'empresseront sans doute de faire continuer l'impression, à défaut du gouvernement français.

NOEL (François), membre de la Légion-d'Honneur,

inspecteur général de l'instruction publique, débuta dans la carrière littéraire par les *Éloges de Gresset, de Louis XII*, et *de Vauban*, dont les deux premiers furent couronnés en 1788 et 1790 par l'Académie-Française. Travailleur infatigable, M. Noël a enrichi la littérature d'un grand nombre d'ouvrages fort estimés. La jeunesse française lui doit particulièrement de la reconnaissance pour les excellents livres élémentaires en plusieurs genres et les *Dictionnaires* des langues anciennes qu'il a publiés. — *Voy*. dans le *Répertoire* son jugement sur l'abbé Auger.

NOMBRE, par Marmontel, XX, 179.

O

ODE, par Marmontel, avec des citations, XX, 196; par La Harpe, avec des citations, 229.

OLIVET (d'). Notice par Laugier, XX, 244.

OPÉRA, par Marmontel, XX, 253; par La Harpe (de l'opéra italien comparé au nôtre), 298.

OPÉRA-COMIQUE, par La Harpe, XX, 371.

OPPIEN. Notice et Jugement par Patin, XX, 410. —Morceaux choisis (traduction de Belin de Ballu), 420.

ORAISON FUNÈBRE, par Marmontel, XX, 425.

ORATEUR, par Marmontel, XX, 435.

ORIGÈNE, né à Alexandrie l'an 185 de J.-C., mort à Tyr l'an 254, est auteur de *Commentaires sur l'Écriture-Sainte*, et d'une *Exhortation au Martyre*. On a une édition complète des *OEuvres d'Origène*, en 4 vol. in-fol. — Apprécié par La Harpe, VII, 439.

ORLÉANS (Charles d'). Notice, XX, 453. — Morceaux choisis, 454.

ORLÉANS (le P. d'). Notice, XX, 456. — Apprécié par Voltaire et La Harpe, 122. — Morceaux choisis, 458.

ORNEVAL (d'), de concert avec Le Sage, a recueilli le théâtre de la Foire.

ORPHÉE. Critique de l'article de La Harpe par Boissonade, XX, 461. — Cité par Marmontel, XVIII, 183.

OSSAT (ARNAUD d'), né en 1636, mort en 1704, a laissé des *Lettres*, Paris, 1598, 2 vol. in-4. — Cité par La Harpe, XIX, 116.

OSSIAN. Notice par de Brotone, XX, 464. — Jugements, accompagné de citations, par La Harpe, 469; par Marmontel, XVIII, 185.

OTWAY. Notice, XX, 479.

OVIDE. Notice par de Pongerville, XXI, 1. — Jugements, par La Harpe, 23; par de Pongerville, 38; par Patin, 44; par Marmontel, XII, 219. — Morceaux choisis (traduits par de Pongerville et de Saint-Ange), XXI, 49.

P

PACATUS. Notice biographique et littéraire par Thomas, XXI, 61.

PACUVIUS. *Voy*. ACCIUS.

PAGI (Antoine), historien, né en 1624, mort en 1699, a rectifié les innombrables méprises de Baronius, XV, 278.

PALAPRAT. Notice, XXI, 64. — *Voy*. BRUEYS.

PALISSOT. Notice par Favier, XXI, 65. — Jugement par Chénier, 70. — Morceau choisi, 71.

PANARD. Notice, XXI, 72. — Jugement par La Harpe, 401-405. — Apprécié, avec citation, par Marmontel, VII, 67 et suiv.

PANTOMIME, par Marmontel, XXI, 75.

PARENT (Charles-Félix), avocat, né à Paris le 13 février 1798, a donné dans le *Répertoire* un assez grand nombre de notices, entr'autres celles sur Demoustier, Dryden, La Fare, La Grange-Chancel, Lamothe-Le-Vayer, Lemierre, Malherbe, Maynard, et une traduction en vers de la description du *Lac Léman*, par lord Byron.

PARNY. Notice biographique et littéraire par Dussault, XXI, 86. — Plusieurs morceaux choisis, 93.

PARODIE, par Marmontel, XXI, 100.

PARSEVAL DE GRANDMAISON. Notice biographique et littéraire, XXI, 104. — Plusieurs morceaux choisis, 105.

PARTERRE, par Marmontel, XXI, 110.

PASCAL. Notice par Favier, XXI, 118. — Jugement par de Chateaubriand, 126; par La Harpe, 127; par Fontanes, 130; par Marmontel, XIV, 416. — Morceaux choisis, XXI, 132.

PASQUIER (Étienne), né à Paris en 1529, mort en 1615, est auteur des *Recherches sur la France*, en dix livres, 1665, in-fol. On lui doit aussi des *Poésies* latines et françaises. Ses *OEuvres* ont été imprimées à Amsterdam, 1723, 2 vol. in-fol.

PASSERAT. Notice biographique et littéraire, XXI, 137.

PASTICHE, par Marmontel, XXI, 141.

PATERCULUS. *Voy.* VELLEIUS-PATERCULUS.

PATHÉTIQUE, par Marmontel, XXI, 144; par La Harpe, X, 319.

PATIN (Henri-Joseph-Guillaume), ancien maître

de conférences à l'école normale, bibliothécaire du château royal de St-Cloud, né à paris le 21 août 1793, est auteur d'un *Éloge de Bernardin de Saint-Pierre*, couronné en 1816 par l'Académie de Rouen, d'un *Éloge de Le Sage*, et d'un *Discours sur la Vie et les Ouvrages de J.-A. de Thou*, auxquels l'Académie-Française a décerné le prix d'éloquence en 1822 et 1824. Il a donné dans le *Répertoire* les notices sur Aratus, Bernardin de Saint-Pierre, Le Sage, Oppien, J.-B. Rousseau, madame de Souza; plusieurs jugements, et un grand nombre de notes signées.

PATRU (H. P.), célèbre avocat, né à Paris en 1604, mourut en 1681. La meilleure édition de ses *OEuvres* est celle de Paris, 1732, 2 vol. in-4. — Apprécié par La Harpe, II, 450. — Un de ses plaidoyers cité par Marmontel, 442.

PAUL (saint). Ses *Épîtres* appréciées par de Chateaubriand, IV, 241.

PAUL-JOVE. Notice biographique et littéraire par Thomas, XXI, 166.

PAULIN (saint), évêque de Nole, né à Bordeaux, vers l'an 353, mourut en 431. Il eut pour maître dans les lettres profanes le célèbre Ausone. Saint Paulin déclare plus d'une fois qu'il devait tout à Ausone, qu'il appelle son patron, son maître, son père, et à qui il se reconnaît redevable de sa bonne éducation, de la connaissance qu'il avait des lettres, et de son élévation dans les charges et les dignités.

> Tibi disciplinas, dignitatem, litteras,
> Linguæ et togæ, et famæ decus,
> Provectus, altus, institutus debeo,
> Patrone, præceptor, parens.

Il fit de grands progrès sous un tel maître. Ausone

l'en félicite dans plusieurs de ses poésies, et il avoue
(*Epist. XX*), ce qui n'est pas peu pour un poète, que
son disciple a emporté la palme sur lui pour les vers.

> Cedimus ingenio, quantùm præcedimus ævo.
> Assurgit musæ nostra camœna tuæ.

La retraite de saint Paulin, qui était allé se cacher
dans la solitude en Espagne, lui attira de violents reproches de la part d'Ausone (*Epist. XIV* et *XV*).
Cet homme mondain lui écrivit plusieurs lettres pour
se plaindre de son injurieux oubli, dans lesquelles il
s'emporte contre sa Tanaquil, c'est le nom odieux qu'il
donnait à Thérasie sa femme, à qui il imputait ce changement. Il accusait son disciple d'avoir perdu sa douceur ancienne, et d'être devenu sauvage et misanthrope. Il lui attribuait assez clairement un esprit renversé par une noire mélancolie, qui lui faisait fuir la
compagnie et la conversation des hommes. C'est le
reproche ordinaire que font les gens du monde à ceux
qui le quittent.

La divine Providence empêcha qu'il ne reçût aucune de ces lettres avant qu'il fût assez fort pour
résister aux pièges que le démon lui tendait par la
main d'un maître anciennement estimé et tendrement
aimé. Au bout de quatre ans, il en reçut trois à la fois,
auxquelles il répondit de son côté par plusieurs lettres.

Après avoir rendu raison de son long silence, il
s'excuse de se remettre à la poésie profane, qui ne
convenait point à une personne comme lui, qui ne
voulait plus songer qu'à Dieu :

> Quid abdicatas, in meam curam, pater,
> Redire musas præcipis ?
> Negant camœnis, nec patent Apollini
> Dicata Christo pectora.

Il dit qu'il est bien éloigné maintenant d'invoquer ni Apollon ni les Muses, divinités sourdes et imbéciles, qu'un Dieu plus puissant s'est saisi de son esprit, et demande de lui d'autres sentiments et un autre langage :

>Nunc alia mentem vis agit, major Deus,
>Aliosque mores postulat.

Il décrit ensuite le changement merveilleux que la grace opère dans le cœur de l'homme lorsqu'elle s'en est saisie par droit de conquête, et qu'elle se l'est entièrement assujetti en lui faisant perdre par un chaste plaisir le goût des anciennes voluptés; en étouffant toutes les peines et toutes les inquiétudes de la vie présente par une vive foi et une vive espérance des biens futurs; et en ne lui laissant d'autre soin que de s'occuper de son Dieu, dont il repasse les merveilles, dont il étudie les saintes volontés, s'efforçant de lui rendre un hommage digne de lui par un amour sans partage et sans bornes :

>Hic ergo nostris ut suum præcordiis
>Vibraverit cœlo jubar,
>Abstergit ægrum corporis pigri situm,
>Habitumque mentis innovat.
>Exhaurit omne quod juvabat anteà,
>Castæ voluptatis vice.
>Totoque nostra jure domini vindicat
>Et corda, et ora, et tempora.
>Se cogitari, intelligi, credi, legi,
>Se vult timeri et diligi.
>Æstus inanes, quos movet vitæ labor
>Præsentis ævi tramite,
>Abolet futuræ cum Deo vitæ fides, etc.

Il ajoute à tout cela une forte protestation de ne

manquer jamais à ce que les obligations qu'il avait à Ausone demandaient de lui.

Les louanges qu'Ausone, en plusieurs endroits, donne à saint Paulin, semblent regarder plutôt les poésies qu'il avait faites avant son renoncement aux Muses profanes que celles qu'il a composées depuis : car, après une abdication si rare et si généreuse, il s'est étudié à éteindre la plus grande partie de son feu, et ayant étouffé en lui tout désir de la réputation humaine, il a rabaissé son esprit et son style, et s'est renfermé dans les bornes d'une simplicité ennemie de tout orgueil, telle que la modestie chrétienne l'exige. Il a même porté le détachement jusqu'au point de ne se pas soucier de garder l'exactitude de la prosodie.

Mais dans tout cet air négligé qui paraît autant dans sa versification que dans le fond même du style de sa poésie, on trouve toujours de certains agréments naturels qui font aimer l'auteur et ses ouvrages.

Rollin, Histoire ancienne.

PAVILLON. Notice biographique et littéraire par Auger, XXI, 169.—Apprécié par La Harpe. XIV, 189.

PELLEGRIN. Notice, XXI, 171. — Jugement par La Harpe, 174.

PELLISSON. Notice biographique et littéraire, par Laugier, XXI, 179.—Jugement par La Harpe, 457-465.

PÉRÉFIXE. Notice biographique et littéraire par Laugier, XXI, 166.

PÈRES DE L'ÉGLISE. Certaines personnes éclairées ne rendent pas aux Pères une exacte justice. On juge de leur éloquence par quelques métaphores dures de Tertullien, par quelque période enflée de saint Cyprien, par quelque endroit obscur de saint Ambroise, par quelque antithèse subtile et rimée de saint Augustin, par quelque jeu de mots de saint Pierre Chrysologue. Mais il faut avoir égard au goût dépravé des temps où les Pères ont vécu. Rome tombait, les études d'Athènes même étaient déchues, quand saint Basile et saint Grégoire de Nazianze y allèrent. Les raffinements d'esprit avaient prévalu. Les Pères, élevés par les mauvais rhéteurs de leur temps, étaient entraînés dans le préjugé universel. C'est à quoi les sages mêmes ne résistent presque jamais. On ne croyait pas qu'il fût permis de parler d'une manière simple et naturelle. Le monde était alors pour la parole dans l'état où il serait pour les habits, si personne n'osait paraître vêtu d'une belle étoffe, sans la charger de la plus épaisse broderie. Suivant cette mode, il ne fallait point parler, il fallait déclamer. Mais si l'on veut avoir la patience d'examiner les écrits des Pères, on y verra des choses d'un grand prix. Saint Cyprien a une magnanimité et une véhémence qui ressemblent à la vigueur de Démosthène. On trouve dans saint Chrysostome un jugement exquis, des images nobles, une morale sensible et aimable. Saint Augustin est tout ensemble sublime et populaire. Il remonte aux plus hauts principes, par les tours les plus familiers; il interroge, il se fait interroger, il répond. C'est une conversation entre lui et son auditoire. Les comparaisons viennent à propos dissiper tous les doutes. Il descend jusqu'aux dernières grossièretés de la populace pour la redresser. Saint Bernard a été un prodige dans un siècle barbare. On trouve en lui de la délicatesse, de l'élévation, du tour, de la tendresse et de la véhémence. On est étonné de tout ce qu'il y a de grand et de beau dans les Pères, quand on connaît les siècles où ils ont écrit. On pardonne à Montaigne des expressions gasconnes, et à Marot son vieux langage : pourquoi donc ne veut-on point passer aux Pères l'enflure de leur temps, sous laquelle on trouverait des vérités précieuses, exprimées par les traits les plus forts.

Fénelon, *Lettre sur l'Éloquence.*

Les Pères de l'Église proportionnaient leur style à la portée de leurs auditeurs. Les sermons de saint Augustin sont les plus simples de ses ouvrages, parce qu'il prêchait dans une petite ville à des mariniers, à des laboureurs, à des marchands. Au contraire, saint Cyprien, saint Ambroise, saint Léon, qui prêchaient dans de grandes villes, parlent avec plus de pompe et plus d'ornement : mais leurs styles sont différents, suivant leur génie particulier et le goût de leur siècle. Les ouvrages des Pères grecs sont pour la plupart solides et agréables. Saint Grégoire de Nazianze est sublime, et son style travaillé. Saint Chrysostome me paraît le modèle achevé d'un prédicateur*.

L'abbé Fleury, *Mœurs des Chrétiens.*

PÉRICLÈS, orateur grec. — Ce qu'en pensait Cicéron, X, 309. — Son portrait par Barthelemy, III, 54.

PÉRIODE, par Marmontel, XXI, 188.

PÉRORAISON, par Marmontel, XXI, 200.

PERRAULT. Notice biographique et littéraire par M. Favier, XXI, 211. — Jugement par Palissot, 216. — Apprécié par La Harpe, XVI, 434.

PERROT d'ABLANCOURT. *Voy.* ABLANCOURT.

PERSE. Notice par Rollin, XXI, 217. — Jugements,

---

* *Voyez* les articles consacrés dans le *Répertoire* à saint Ambroise, saint Augustin, saint Basile, saint Bernard, saint Chrysostome, saint Cyprien, Tertullien, etc.

F.

par Bayle, 219; par Batteux, *ibid*, par Dussault, 220; par La Harpe, *ibid*.

PETEAU. Notice biographique et littéraire, XXI, 226. — Cité par La Harpe, XV, 276.

PETIS DE LA CROIX (François), professeur de langue arabe au Collège royal, mort à Paris en 1713, a donné, entr'autres ouvrages, les *Mille et un Jours*, 5 vol. in-12. — Cité par La Harpe, VIII, 471.

PETITOT (Claude-Bernard), directeur général de l'Université, né à Dijon, le 31 mars 1772, mort à Paris en 1825, est considéré comme un des littérateurs les plus laborieux et les plus estimés de notre époque. On a de lui trois tragédies, savoir: *la Conjuration de Pison*, 1795; *Géta et Caracalla*, 1797; *Laurent de Médicis*, 1799. Il a donné en outre: une traduction très estimée des *Tragédies d'Alfieri*, 1802, 4 v. in-8; *Grammaire française de Port-Royal*, accompagnée des *Notes* de Duclos, et précédée d'un excellent *Essai* sur l'origine et les progrès de la langue française; *Répertoire du Théâtre-Français*, Paris, 1803-1804, 23 vol. in-8, nouvelle édition, considérablement augmentée, *ibid.*, 1817-1818, 33 vol. in-8. On y trouve une *Notice* sur chaque auteur et un *Examen* de chaque pièce; *Œuvres choisies et posthumes de La Harpe*, édition originale, d'après les manuscrits de l'auteur, *ibid.*, 1806, 4 vol. in-8; *Œuvres de Jean Racine*, édition stéréotype, avec les variantes, et les imitations des auteurs grecs et latins, 5 vol. in-8; une bonne traduction des *Nouvelles* de Michel Cervantes, 4 vol. in-8; *Œuvres de Molière*, édition stéréotype, 1812; des *Commentaires* et des *Remarques* sur chaque pièce, et précédées de la *Vie* de l'auteur. On lui doit aussi une collection des *Mémoires relatifs à l'Histoire de France*, 1819 à 1824.

PÉTRARQUE. Notice, XXI, 228.—Jugements, par Voltaire, 236; par La Harpe, XVII, 445.—Morceaux choisis, traduits par M. Amar, XXI, 237.

PÉTRONE. Notice par Rollin, XXI, 242.— Jugement par La Harpe, 244.— Morceaux choisis, traduits par de Guerle, 248.

PEZAY (marquis de), mort en 1777, a donné quelques *Poésies* agréables dans le genre érotique; une traduction de Catulle, Tibulle et Gallus, Paris, 1771, 2 vol. in-8; *la Rosière de Salency*, pastorale en trois actes. On a publié, en 1792, les *OEuvres poétiques et morales de Pezay*, 2 vol. in-12.

PHÈDRE. Notice par Rollin, XXI, 251. — Jugement par Dussault, 254.—Apprécié par Marmontel, XIII, 163.

PHILIPS (Jean), poète anglais, né à Bampton en 1676, mort en 1708, a donné trois poèmes : *Pomone, ou le Cidre; la Bataille d'Hochstet; le Précieux Schelling*, traduit en français par l'abbé Yart.

PHILOSOPHIE. La philosophie est l'étude de la nature et de la morale fondée sur le raisonnement. Cette science fut d'abord appelée *sagesse*, et ceux qui en faisaient profession, *sages*. Ces noms parurent trop fastueux à Pythagore, et il leur en substitua de plus modestes, appelant cette science *philosophie*, c'est-à-dire amour de la sagesse, et ceux qui l'enseignaient ou qui s'y appliquaient, *philosophes*, c'est-à-dire amateurs de la sagesse.

La philosophie, chez les Grecs, s'est divisée en deux grandes sectes, l'une appelée l'*ionique*, fondée par Thalès, qui était d'Ionie; l'autre nommée l'*italique*, parce que c'est dans cette partie de l'Italie, appelée la Grande-Grèce, qu'elle a été établie par Pythagore. L'une et l'autre se partagent en plusieurs autres branches, comme on le verra par le tableau suivant.

PRINCIPAUX PHILOSOPHES DE L'ANTIQUITÉ,
CLASSÉS D'APRÈS L'ORDRE DES SECTES.

I. *Philosophes de la secte ionique.* — Chef, THALÈS.

Anaxagore, Anaximandre, Anaximène, Archélaüs.

Philosophes de la secte socratique. — Chef, SOCRATE.

Antisthène, Aristippe, Cébès, Criton, Eschine, Euclide, Phédon, Platon, Xénophon.

Philosophes de la secte cyrénaïque. — Chef, ARISTIPPE.

Annicéris, Antipater, Hégésias, Théodore.

Philosophes de la secte mégarique. — Chef, EUCLIDE.

Alexinus, Diodore Cronus, Stilpon.

Sectes éliaque et érétrique. — Chefs, PHÉDON et MÉNÉDÈME.

Asclépiade.

Cyniques. — Chef, ANTISTHÈNE.

Cratès le Cynique, Diogène.

ACADÉMICIENS.

Philosophes de l'ancienne Académie. — Chef, PLATON.

Crantor, Cratès, Héraclide de Pont, Pamphile, Polémon, Speusippe, Xénocrate.

De la moyenne. — Chef, ARCÉSILAS.

Évandre, Hégésinus, Lacyde

De la nouvelle.—Chef, Carnéade.

Charmidas ou Charmadas, Clitomaque, Eschine de Naples, Mélanthe de Rhodes, Métrodore.

De la quatrième.— Chef, Philon.

Cicéron, Dion, Héraclite de Tyr, Tétrilius Rogus.

De la cinquième.—Chef, Antiochus.

Ariste, Lucullus, Varron.

Péripatéticiens.— Chef, Aristote.

Aristoxène, Callisthène, Cratippe, Critolaüs, Démétrius de Phalère, Dicéarque, Diodore, Hyéronyme de Rhodes, Lycon, Lysias, Phormion, Staséas, Straton, Théophraste.

Stoïciens.— Chef, Zénon.

L. Ælius, Antipater de Tarse, Antipater de Tyr, Archidème, Ariston, Athénodore, M. Brutus, M. Caton, Chrysippe, Cléanthe, Diodore, Diogène de Babylone, Denys d'Héraclée, Épictète, Hécaton de Rhodes, Hérille, Marc-Aurèle, Mnésarque, Panétius, Posidonius, Sénèque, Sphérus.

II. *Philosophes de la secte italique, ou Pythagoriciens.*— Chef, Pythagore.

Acrion, Alcmæon, Archytas, Calliphon, Cercops, Damon, Dinomaque, Eschyle, Echécrate, Empédocle, Hicétas, Lysis, Philolaüs, Phintias, Timée.

Philosophes de la secte d'Héraclite.—Chef, Héraclite.

Hippocrate (*Voy.* son portrait, III, 48), Pausanias.

Philosophes de la secte éléatique.—Chef, Xénophane.

Démocrite, Leucippe, Mélissus, Métrodore de Chios, Parménide, Protagoras, Zénon d'Élée.

Philosophes de la secte de Démocrite.—Chef, Démocrite.

Anaxarque, Nausiphane.

Sceptiques. — Chef, Pyrrhon.

Timon de Phliante, Sextus Empiricus.

Épicuriens. — Chef, Épicure.

Amynomaque, Apollodore, Atticus, Hermachus, Léontium, Métrodore de Lampsaque, Patron, Phèdre, Philodème, Platon de Sardes, Scyron, Themista, Timagoras, Timocrate, Xénon, Zénon l'Épicurien.

Philosophes étrangers.

Anacharsis, Calanus, Épiménide de Crète, Confucius, Meng-tseu.

PHORMIS, comique grec, est un des premiers qui aient mis une action dans la comédie, II, 171.

PHOTIUS, patriarche de Constantinople, né dans cette ville au IXe siècle, d'une ancienne et illustre famille, n'est pas moins célèbre dans l'histoire littéraire que dans l'histoire ecclésiastique. Sa *Bibliothèque* est un des plus précieux monuments qui nous soient restés de l'antiquité. « On y trouve, dit Feller, des extraits de 280 au-
« teurs dont la plupart ont été perdus. Il fit cet ouvrage à
« l'imitation du grammairien Télèphe, qui, pour faire
« connaître les bons livres, composa l'*Art des Bibliothè-*
« *ques*, sous l'empereur Antonin-le-Pieux. On ne peut
« que louer Photius en qualité de bibliothécaire. Ses

« analyses sont faites avec art; et ses jugements sur le
« style et le fond des ouvrages sont presque toujours
« dictés par le goût; mais on y voit aisément que Pho-
« tius n'était pas aussi versé dans la théologie que dans
« la critique et les belles-lettres. Ce livre utile, qu'on
« peut regarder comme le père de nos journaux littérai-
« res, ne se soutient pas sur la fin; on n'y trouve plus
« cette précision et cette justesse qui caractérisent le com-
« mencement. Fabricius prétend que cette différence
« vient de ce que cet ouvrage a été recueilli par plusieurs
« mains, et que ceux qui ont voulu remplir les lacunes
« l'ont gâté. En effet, le style en est si différent dans plu-
« sieurs endroits, que l'on serait porté à adopter cette
« conjecture. On en donna une bonne édition à Rouen en
« 1653, in-fol., avec la version d'André Schot et les notes
« d'Hoeschelius. » — Cité par La Harpe, XVII, 441.

PHRYNICUS, auteur grec, n'était, suivant Suidas, qu'un chansonnier vagabond, XII, 453.

PICARD. Notice, XXI, 256.—Jugements, par Chénier, 258; par Artaud, 259.

PICHOT, traducteur de lord Byron. — *Voy.* dans le *Répertoire* son jugement sur cet auteur.

PICOT, rédacteur de *l'Ami de la Religion et du Roi*. —*Voy.* dans le *Répertoire* son jugement sur Bouhours.

PIGAULT-LE-BRUN, l'un de nos plus féconds romanciers, dont tous les ouvrages annoncent de l'esprit et une gaieté qui serait vraiment piquante, si elle ne blessait pas les mœurs, s'est acquis aussi de la célébrité comme auteur dramatique.

PILPAY. Notice, XXI, 27. — Cité par La Harpe, XVI, 226.

PINDARE. Notice par Barthelemy, XXI, 273. — Jugements, par Rollin, 276; par Barthelemy, 277; par

Marmontel, avec citations, XX, 214; par La Harpe, 233 et suiv.

PIRON. Notice, XXI, 282. — Jugements, par Palissot, 291; par La Harpe, 294. — Plusieurs morceaux choisis, 315.

PISANDRE, célèbre poète grec, dont Virgile, suivant Macrobe, a pris presque tout le second livre de son *Énéide*. — Cité par La Harpe, XXVIII, 300.

PITT. *Voy*. CHATAM.

PLAGIAT, par Marmontel, XXI, 317.

PLAISANT, par Marmontel, XXI, 327.

PLAN, par Marmontel, XXI, 340.

PLANUDE. Notice biographique et littéraire, XXI, 347.

PLATON. Notice par Diogène Laërce, XXI, 349. — Jugements, par Thomas, 366; par La Harpe, 375; par Le Clerc, 436. — Cité par Marmontel, I, 248.

PLAUTE. Notice par Rollin, XXI, 442. — Jugements, par le même, 443; par La Harpe, 447; comparé à Térence par Marmontel, VIII, 308.

PLINE (l'Ancien). Notice par Rollin, XXII, 1. — Jugements, par le même, 5; par La Harpe, 9; par Dussault, 20; par Buffon, 22; par Cuvier, 23.

PLINE (le Jeune). Notice, XXII, 31. — Jugements, par Thomas, 32; par La Harpe, avec de nombreuses citations et des morceaux choisis, 38; par Marmontel, I, 115; X, 280.

PLOTIN. Notice et jugement par Le Clerc, XXII, 80.

PLUTARQUE. Notice par Rollin, XXII, 82. — Jugements, par le même, 89; par Montaigne, 92; par J.-J. Rousseau, 93; par Thomas, 94; par La Harpe, 96; par Marmontel, XV, 265.

POÉSIE, par Marmontel, XXII, 116.

POÈTE *, par Marmontel, XXII, 185.

POÉTIQUE, par Marmontel, XXII, 205.

POGGIO BRACCIOLINI. Notice, XXII, 225.

POINSINET. Notice, XXII, 230. — Jugement par La Harpe, 236.

POINTE, par Marmontel, XXII, 240.

POLIGNAC. Notice, XXII, 241.—*Voy*. XVIII, 160.

POLITIEN. Notice, XXII, 247.

POLLION (C. ASINIUS POLLIO), personnage consulaire et célèbre orateur, avait aussi composé des tragédies latines fort estimées. Horace en parle plus d'une fois (*Od*. II, 1; *Satir*. II, 10). Virgile en fait aussi mention avec éloge (*Eclog*. III). Il est le premier qui ouvrit à Rome une bibliothèque à l'usage du public.

POLYBE. Notice par Rollin, XXII, 253. — Jugement par le même, 258. — Cité par Marmontel, XV, 129.

PONGERVILLE. (J.-B. Antoine-Aimé SANSON de), chevalier de la Légion-d'Honneur, né le 3 mars 1792, dans le comté de Ponthieu, aujourd'hui département de la Somme, s'est fait connaître dans la littérature par sa traduction en vers de Lucrèce (1824, 2 vol. in-8),

---

* Montesquieu, dans ses *Pensées diverses*, a fait un rapprochement aussi ingénieux que juste entre les principaux poètes et les peintres les plus célèbres :

« S'il faut donner le caractère de nos poètes, je compare Corneille à Mi-
« chel-Ange, Racine à Raphael, Marot au Corrège, La Fontaine au Titien,
« Despréaux au Dominiquin, Crébillon au Guerchin, Voltaire au Guide,
« Fontenelle au Bernin; Chapelle, La Fare, Chaulieu au Parmesan; Regnier
« au Georgion; La Motte à Rembrand; Chapelain est au-dessous d'Albert
« Durer. Si nous avions un Milton, je le comparerais à Jules Romain ; si
« nous avions le Tasse, nous le comparerions au Carrache; si nous avions
« l'Arioste, nous ne le comparerions à personne, parce que personne ne
« peut lui être comparé. »   F.

qui a obtenu le succès le plus éclatant, et l'a placé au rang des littérateurs les plus distingués de notre époque. Il a entrepris la traduction des *Métamorphoses*, dont il a déjà publié plusieurs fragments sous le titre d'*Amours mythologiques*, 1 volume grand in-18. M. de Pongerville a donné dans le *Répertoire* les notices sur Malfilâtre, Lucrèce et Ovide, et des jugements sur chacun des deux poètes latins. —*Voy*. aux art. LUCRÈCE et OVIDE, des morceaux choisis traduits par M. de Pongerville.

PONT-DE-VEYLE. Notice, XXII, 260.—Jugement par La Harpe, 263.

PONTHUS, vieux poète français, était membre de la Pléiade française.—Cité par La Harpe, XXIV, 362.

POPE. Notice, XXII, 264. — Jugements, par La Harpe, 266; par de Fontanes, 281; par Marmontel, XXVIII, 50.—Morceaux choisis (traduction de Fontanes, Delille, Du Resnel), XXII, 283.

PORÉE. Notice, XXII, 288.

PORPHYRE, philosophe platonicien, né à Tyr l'an 223 de J.-C., m. sous le règne de Dioclétien, est inférieur en dialectique à Tertullien et à Origène, XVII, 439.

PORTRAIT, par Marmontel, XXII, 291.

POULLE. Notice, XXII, 305.—Jugement, accompagné de citations, par La Harpe, 307.

PRADON. Notice par de Brotone, XXII, 427.—Jugements, par Palissot, 432; par La Harpe, 433.

PREUVE, par Marmontel, XXII, 447.

PREVOST-D'EXILES. Notice, XXII, 467.—Jugements, par Palissot, 471; par La Harpe, 473.

PRIOR (MATHIEU), poète anglais, né à Londres en 1664, mort en 1721, a laissé des *Odes* qui ont été traduites en français par l'abbé Yart. Les *OEuvres com-*

plètes de Prior ont été publiées à Londres, en 1733, 5 vol. in 12. — Apprécié par Marmontel, VIII, 463.

PROCLUS. Notice par Le Clerc, XXII, 477.

PROLOGUE, par Marmontel, avec des citations, XXII, 478.

PROPERCE. Notice, XXII, 491. — Jugements, par La Harpe, 493; par Foisset, 495; par Marmontel, XII, 217. — Morceau choisi (traduction de Loyson), XXII, 498.

PROSAIQUE, par Marmontel, XXII, 499.

PROSPER (saint), était d'Aquitaine. On ignore le lieu et l'époque précise de sa naissance; il mourut, à ce qu'il paraît, vers l'an 463. C'était un homme laïque et marié, il fut secrétaire des brefs sous le pape saint Léon.

Nous avons de saint Prosper, outre quelques autres petites pièces qui sont douteuses, un poème très considérable contre les ingrats, c'est-à-dire contre les ennemis de la grace de J.-C., dans lequel il explique en théologien profond la doctrine catholique contre les pélagiens et semi-pélagiens.

M. Godeau juge, après plusieurs autres auteurs, que cet ouvrage est l'abrégé de tous les livres de saint Augustin sur cette matière, et particulièrement de ceux qui ont été écrits contre Julien. Il ajoute que les expressions en sont merveilleuses, et qu'il y a sujet, en beaucoup d'endroits, de s'étonner comment ce saint a pu accorder la beauté de la versification avec les épines de son sujet. Ce qu'il y a encore de surprenant dans ce poème, c'est de voir que l'exactitude pour les dogmes de la foi y soit si régulièrement observée, malgré la contrainte des vers et la liberté de l'esprit poétique, et que les vérités de la religion n'y soient ni altérées, ni affaiblies par les ornements de la poésie.

Nous avons ce poème traduit en vers français. Je donnerai ici la préface, qui fera connaître et le sujet de cet excellent ouvrage, et le style de l'auteur.

PRÆFATIO.

Undè voluntatis sanctæ subsistat origo,
    Undè animis pietas insit, et undè fides :
Adversùm ingratos, falsá et virtute superbos,
    Centenis decies versibus excolui.
Quos si tranquillâ studeas cognoscere curâ,
    Tutus ab adverso turbine, lector, eris;
Nec libertate arbitrii rapiere rebellis,
    Ulla nec audebis dona negare Dei.
Sed bona quæ tibi sunt, operante fatebere Christo,
    Non esse ex merito sumpta, sed ad meritum.

TRADUCTION.

Ma plume en mille vers combattant pour la grace,
    A pour Dieu combattu,
Attaquant ces ingrats pleins de la vaine audace
    D'une fausse vertu.
J'ai fait voir d'où nos cœurs conçoivent la racine
    D'un céleste dessein,
D'où la foi nait dans nous, d'où la vertu divine
    Germe dans notre sein.
Si donc ton esprit calme, en lisant cet ouvrage,
    N'y cherche que du fruit,
Ces vers te sauveront du funeste naufrage
    Où l'erreur nous conduit.
Tu n'élèveras point contre ton roi suprême
    Ta fière liberté,
Et tu ne croiras point mériter par toi-même
    Les dons de sa bonté;
Mais tu reconnaîtras que tu dois toute chose
    Au Dieu qui t'est si doux,
Et que notre mérite est l'effet, non la cause,
    De sa grace dans nous.

ROLLIN, *Histoire ancienne*.

PROSODIE, par Marmontel, XXII, 5o5.

PROYARD (l'abbé), mort à Arras en 1808, a publié entr'autres ouvrages *l'Écolier vertueux*, 1778, in-12; *Histoire de Stanislas Ier roi de Pologne*, Lyon, 1778, 2 vol. in-12; *De l'Éducation publique*.

PRUDENCE (Aurelius PRUDENTIUS Clemens), poète chrétien, officier à la cour de l'empereur Honorius, naquit en Espagne à Saragosse; selon d'autres, et plus probablement, à Callaguris, aujourd'hui Calahorra, l'an 348, et mourut vers l'an 412.

Il ne commença ses poésies sur la religion qu'à l'âge de cinquante-sept ans. Il avait été avocat, puis juge, ensuite homme de guerre; enfin il fut attaché à la cour par un emploi honorable. C'est lui-même qui nous apprend ces circonstances dans le prologue de ses ouvrages.

> Per quinquennia jàm decem,
> Ni fallor, fuimus : septimus insuper
> Annum cardo rotat, dùm fruimur sole volubili.

Après avoir parlé de sa jeunesse, il expose ses différents emplois :

> Ex in jurgia turbidos
> Armârunt animos, et malè pertinax
> Vincendi studium subjacuit casibus asperis.
> Bis legum moderamine
> Frenos nobilium reximus urbium :
> Jus civile bonis reddidimus, terruimus reos,
> Tandem militiæ gradu
> Evectum pietas principis extulit,
> Adsumptum propriùs stare jubens ordine proximo.

Les poésies qu'on a de Prudence sont plus remplies de zèle de religion que des ornements de l'art; on y trouve beaucoup de fautes de quantité. D'ailleurs l'orthodoxie n'y est pas toujours gardée. Il faut pourtant avouer qu'on trouve en plusieurs endroits de ses ouvrages beaucoup de goût et de délicatesse*; je n'en veux pour preuves que ses *Hymnes sur les Innocents* : j'en rapporterai quelques strophes :

> *Salvete*, flores martyrum,
> Quos lucis ipso in limine,
> Christi insecutor sustulit,
> Ceu turbo nascentes rosas
> *Vos* prima Christi victima
> Grex immolatorum tener,
> Aram sub ipsam simplices
> Palmâ et coronis luditis.....
> *Audit* tyrannus anxius
> Adesse regum principem,
> Qui nomen Israel regat,
> Teneatque David regiam.
> *Exclamat* amens nuntio :
> Successor instat, pellimur.
> Satelles, i, ferrum rape,
> Perfunde cunas sanguine.
> *Transfigit* ergò carnifex
> Mucrone districto furens
> Effusa nuper corpora,
> Animasque rimatur novas.

Le siècle d'Auguste n'a rien de plus vif ni de plus délicat que ces strophes.

Rollin, *Histoire ancienne*.

PUFFENDORF (Samuel de), célèbre publiciste, né à Flesh, petit village de Misnie, en 1631, mort à Berlin en 1694. — Apprécié par La Harpe, XV, 273.

PULCI. Notice, XXII, 508. — Apprécié par La Harpe, XVII, 450.

---

* Prudence a été surnommé *le prince des poètes chrétiens*. Dans le dernier combat que le paganisme osa livrer à la vérité triomphante, il revêtit de couleurs poétiques la réponse de saint Ambroise à Symmaque. Ses beaux vers n'étaient point inconnus au grand écrivain qui nous a montré le jeune Eudore opposant tour à tour aux défenseur des faux dieux son éloquence, sa foi et son martyre. J.-V. Le Clerc.

ET TABLE.

Q

QUESTION, par Marmontel, XXIII, 1.

QUINAULT. Notice, XXIII, 5. — Jugements, par Vauvenargues, 10; par Voltaire, 13; par Palissot, 15; par La Harpe, 16.

QUINTE-CURCE. Notice par Rollin, XXIII, 63. — Jugement avec citation par La Harpe, 64.

QUINTILIEN. Notice par Rollin, XXIII, 69. — Jugements, par le même, 83; par La Harpe, 85.

R

RABELAIS. Notice par Feller, XXIII, 179. — Jugements, par Le Clerc, 183; par Auger, 184; par La Harpe, XVII, 457; par Marmontel, VIII, 463.

RACAN. Notice, XXIII, 187. — Jugements, par La Harpe, 190; par Marmontel, III, 338. — Morceaux choisis; XXIII, 192.

RACINE (Jean). Notice par M. Auger, XXIII, 197. Examen du *Théâtre* de Racine par La Harpe : *les Frères ennemis*, 213; *Alexandre*, 218; *Andromaque*, 222; *Britannicus*, 247; *Bérénice*, 297; *Bajazet*, 306; *Mithridate*, 328; *Iphigénie*, 350; *Phèdre*, 404; *Esther*, 436; *Athalie*, 451. — Apprécié par Marmontel, VII, 1; IX, 4; X, 132; XIII, 474; XIV, 390; XXVII, 146; XXVIII, 106.

RACINE (Louis). Notice, XXIV, 1. — Jugements, par Lemercier, 5; par de Fontanes, 6; par Dussault, 7; par La Harpe, avec de nombreuses citations, 9. — Morceaux choisis, 34.

RADCLIFFE (Anne), morte en 1809, s'est fait un nom célèbre par ses romans sombres et tragiques. Presque tous ont été traduits en français. Walter-Scott lui a consacré un article dans la *Biographie des Romanciers célèbres*.

RAOUL-ROCHETTE (Désiré), membre de l'Institut, né à Saint-Amand dans le Berry, en 1790, a donné en 1815 l'*Histoire critique de l'établissement des Colonies grecques*, 4 volumes in-8, ouvrage couronné par l'Institut en 1813. Il est un des collaborateurs du *Journal des Savants* et de la *Biographie universelle*.

RAPIN (le P.). Notice biographique et littéraire, XXIV, 43.

RAPIN-THOIRAS (Paul), né à Castres en 1661, mort en 1725, est auteur d'une *Histoire d'Angleterre*, La Haye, 1725, 9 vol. in-4. — Cité par La Harpe, XV, 279.

RAYNAL. Notice par Feller, XXIV, 46. — Jugement par Palissot, 53. — Morceaux choisis, 55.

RAYNOUARD. Notice, XXIV, 61. — Jugement par Chénier, 62. — Morceaux choisis, 64.

RÉCITATIF, par Marmontel, XXIV, 70.

RECONNAISSANCE, par Marmontel, XXIV, 82.

RÈGLES, par Marmontel, XXIV, 86.

REGNARD. Notice par La Harpe, XXIV, 94. — Jugements, par le même, 98; par Palissot, 114. — Morceaux choisis, 116.

REGNIER. Notice, XXIV, 121. — Comparé à Boileau par Marmontel, XXVI, 32.

RÉGNIER-DESMAREST. Notice par Feller, 123. — Apprécié par La Harpe, XIV, 189.

RETZ. Notice par Feller, XXIV, 125. — Son portrait, par Bossuet, 128; par La Rochefoucauld, 129; par Hénault, 131. — *Voy.* à l'art. mémoires, t. XIX de notre *Répertoire* les jugements qu'on portés Marmontel et La Harpe sur cet homme célèbre. — Morceaux choisis, XXV, 132.

RÉVOLUTION, par Marmontel, XXIV, 139.

REWE (Clara), ingénieux auteur du roman intitulé *l'Ancien Baron anglais*, mourut le 3 décembre 1803 à Ipswich, sa ville natale, à l'âge de soixante dix-huit ans. Walter-Scott lui a consacré un article dans la *Biographie littéraire des Romanciers célèbres*.

RHÉTORIQUE, par Marmontel, XXIV, 144.

RICCOBONI (madame), Notice, XXIV, 183. — Jugements, par La Harpe, 185; par Dussault, 188.

RICHARDSON. Notice, XXIV, 191. — Jugements, par J.-J. Rousseau, 192; par La Harpe, *ibid*; par Walter-Scott, 200.

RIME, par Marmontel, XXIV, 207.

RIVAROL. Notice, XXIV, 215.

ROBERTSON (Joseph). Notice, XXIV, 218.

ROBERTSON (Williams). Notice, XXIV, 218. — Morceaux choisis, 220.

ROCHON de CHABANNES. Notice, XXIV, 232. — Jugement par La Harpe, 233.

ROGER (François), membre de l'Académie-Française, né à Langres le 17 avril 1776, a donné plusieurs pièces de théâtre dont la plus estimée est *l'Avocat*, comédie en trois actes en en vers, représentée avec succès au Théâtre-Français en 1800. On a aussi de lui une excellente traduction française de l'ouvrage du docteur Lowth, intitulé: *De sacrâ Hebræorum Poesi*. — *Voy.* l'article LOWTH dans ce *Supplément*.

ROGERS (Samuel). Ses poésies ont obtenu en Angleterre un très grand succès. Son poème intitulé: *les Plaisirs de la Mémoire*, a déjà eu un très grand nombre d'éditions.

ROLLIN. Notice par Andrieux, XXIV, 237. — Jugements, par Chateaubriand, 254; par Dussault, 255; par Lemercier, 256.

ROMAN. Théorie et histoire du roman, par Patin, XXIV, 258; par La Harpe, 270.

ROMANTISME, par Duviquet, XXIV, 278; par Auger, 318. — *Épître aux Muses sur les Romantiques*, par Viennet, 342.

RONSARD. Notice, XXIV, 351. — Jugements, par La Harpe, 354; par Dussault, 362. —Morceaux choisis, 364. — Pièces anacréontiques de Ronsard citées par Marmontel, I, 365, 366.

ROSSET. Notice, XXIV, 383. — Jugements, par Palissot, 384; par La Harpe, avec des citations, 385.

ROTROU. Notice, accompagnée des vers de Millevoye sur la mort de cet auteur, XXIV, 399. — Jugements, par Palissot, 405; par la Harpe, avec des citations, 406.

ROUCHER. Notice, XXV, 1. — Jugement par La Harpe, avec de nombreuses citations, 4.

ROUSSEAU (Jean-Baptiste). Notice par Patin, XXV, 122. —Jugements, par Vauvenargues, 133; par Palissot, 136; par La Harpe, avec de nombreuses citations, 138.—Apprécié par Marmontel, XII, 377, 388; XX, 220 et suivantes. —Morceaux choisis, XXV, 218.

ROUSSEAU (Jean-Jacques). Notice par Favier, XXV, 223. — Jugements, par Bernardin de Saint-Pierre (parallèle de Voltaire et de Rousseau), 245; par La Harpe, 247; par le même, 280. — Apprécié par Marmontel, VII, 7. — Morceaux choisis, XXV, 285.

ROWE. Notice, XXV, 297. — Morceaux choisis, 298.

ROXAS, poète dramatique espagnol, auquel Rotrou a emprunté le sujet de la tragédie de *Venceslas*, XIV, 407.

ROY. Notice par Feller, XXV, 300. — Jugement par La Harpe, 301.

ROYOU (Jacques CORENTIN), a publié un *Précis de l'Histoire ancienne d'après Rollin*, 4 vol. in-8, 1811, deuxième édition; l'*Histoire romaine depuis la Fondation de Rome jusqu'au Règne d'Auguste*, 1806, 4 vol. in-8; l'*Histoire des Empereurs romains depuis Auguste jusqu'à Constance-Chlore, père de Constantin*, 1808, 4 vol. in-8; l'*Histoire du Bas-Empire*, 4 vol. in-8, 1814, deuxième édition. M. Royou a donné en 1817, au Théâtre-Français, la tragédie de *Phocion*, qui a obtenu un succès mérité.

RULHIÈRE. Notice, XXV, 319. — Jugements, par Chénier, 322; par Palissot, 327. — Morceaux choisis, 328.

S

SAADI. Notice, XXV, 332.

SABATHIER (François), né à Condom en 1735, mort à Châlons-sur-Marne en 1807, fonda l'Académie de cette dernière ville, et en fut le secrétaire pendant trente ans. On lui doit entr'autres ouvrages : le *Dictionnaire pour l'intelligence des Auteurs classiques grecs et latins, tant sacrés que profanes*, 36 vol. in-8, et 2 vol. de planches.

SABATIER (Antoine), né à Castres en 1742, mort à Paris en 1801, est auteur des *Trois Siècles de la Littérature française*, dont la dernière édition de 1781, 4 vol. in-8, eut beaucoup de succès.

SADOLET (Jacques), cardinal, né à Modène en 1478, mort en 1547, a fait revivre dans son temps l'élégance de l'antique latinité, XVII, 447.

SAPINAUD DE BOISUGUET, général vendéen, a publié en vers français une traduction des Psaumes fort estimée.

SAINT-AMANT. Notice, XXV, 334.

SAINTE-CROIX. Notice par Silvestre de Sacy, XXV, 393. — Jugement par le même, 399. — *Voy.* dans le *Répertoire* ses jugements sur Hérodote, Thucydide et Xénophon.

SAINT-ÉVREMOND. Notice, XXV, 337. — Jugement par La Harpe, 339.

SAINT-FOIX. Notice, XXV, 349. — Jugement par La Harpe, 350.

SAINT-GELAIS. Notice, XXV, 352. — Épigrammes choisies, 354.

SAINT-GENIEZ. Notice, XXV, 355. — Cité par La Harpe, V, 94.

SAINT-LAMBERT. Notice par Favier, XXV, 356. — Jugements, par Palissot, 360; par La Harpe, 361. — Morceaux choisis, 366.

SAINT-PIERRE (l'abbé DE). Notice, I, 203.

SAINT-RÉAL. Notice par Feller, XXV, 373. — Jugement par La Harpe, 375. — Morceaux choisis, 378.

SAINT-VICTOR. Notice, XXV, 384. — Morceaux choisis, 385.

SALLUSTE. Notice par La Harpe, XXV, 402. — Jugements, par Rollin, 404; par La Harpe, 409; par Marmontel, XV, 259; XXII, 298; par Dussault (parallèle de Salluste et de Tacite), 415. — Morceau choisi, 417.

SALOMON, fils de David, né l'an 1033, mourut en 975 avant J.-C., après avoir gouverné pendant quarante ans les royaumes de Juda et d'Israël. Il nous reste de lui trois ouvrages reçus entre les livres canoniques : les *Proverbes* ; l'*Ecclésiaste*, et le *Cantique des Cantiques.*—*Voy.* ce dernier ouvrage apprécié par Marmontel, VI, 304.

SALVIEN, prêtre de Marseille, né vers 360, mourut vers 484. Le traité qu'il écrivit en latin *sur le Gouvernement de Dieu*, a peut-être fourni à Bossuet la conception fondamentale du *Discours sur l'Histoire universelle.* — Cité par La Harpe, VII, 78.

SANADON (Noel-Étienne), jésuite, né à Rouen en 1676, mort en 1733, a laissé entr'autres ouvrages, des *Poésies* latines, 1715, in-12, réimprimées en 1754, in-8.

SANNAZAR. Notice, XXV, 425. — Apprécié par La Harpe, XVII, 447.

SANTEUIL (Jean-Baptiste), né à Paris en 1630, fit ses études au Collège des jésuites. Quand il fut en rhétorique, l'illustre P. Cossart, son régent, étonné de ses heureuses dispositions pour la poésie latine, prédit qu'il deviendrait un des plus grands poètes de son siècle : il jugeait sur-tout de ses talents par une pièce qu'il fit dès-lors sur *la Bouteille de Savon.* Son amour pour l'étude le fit entrer, à l'âge de vingt ans, chez les chanoines réguliers de l'abbaye de Saint-Victor. Son nom fut bientôt parmi les plus illustres du Parnasse latin. Il chanta la gloire de plusieurs grands hommes, et il enrichit la ville de Paris de quantité d'inscriptions, toutes agréables et heureuses. Bossuet l'ayant sollicité plusieurs fois d'abjurer les muses profanes, il consacra son talent à chanter les mystères et les saints du christianisme. Il fit d'abord plusieurs *Hymnes* pour le bréviaire de Paris. Les clunistes lui en demandèrent aussi pour le leur, et cet ordre en fut si content, qu'il lui donna des lettres de filiation et le gratifia d'une pension. Quoique Santeuil eût consacré ses talents à des sujets sacrés, il ne pouvait s'empêcher de versifier de temps en temps sur des sujets profanes. La Quintinie ayant donné ses *Instructions pour les Jardins*, Santeuil l'orna d'un poème, dans lequel les divinités du paganisme jouaient le principal rôle. Bossuet, à qui il avait promis de n'employer jamais les noms des dieux de la Fable, le traita de parjure. Santeuil, sensible à ce reproche, s'excusa par une pièce de vers, à la tête de laquelle il fit mettre une vignette en taille-douce. On l'y voyait à genoux, la corde au cou et un flambeau à la main, sur les marches de la porte de l'église de Meaux, y faisant une espèce d'amende honorable. Ce poème satisfit le grand Bossuet; mais le poète eut dans une autre occasion une querelle qui fut plus difficile à éteindre. Le docteur Arnauld étant mort en 1694, plusieurs poètes s'empressèrent à faire son épitaphe. Santeuil ne fut pas le dernier. Les gens qui n'étaient pas du parti, et sur-tout les jésuites, en parurent mécontents. Pour se réconcilier avec eux, il adressa une *Lettre* au P. Jouvancy, dans laquelle il donnait de grands éloges à la société, sans rétracter ceux qu'il avait donnés à Arnauld. Cela ne satisfit point; il fallut donner une nouvelle pièce, qui parut renfermer encore quelque ambiguïté. L'incertitude et la légèreté du poète firent naître plusieurs pièces contre lui. Le P. Commire donna son *Linguarium;* un janséniste, dans son *Santolius pœnitens*, ne l'épargna pas davantage. Malgré ces petites humiliations, Santeuil jouit de la gloire dont les muses latines étaient environnées dans un temps où les bonnes études et les langues savantes étaient en honneur, même parmi les grands. Les deux princes de Condé, père et fils,

étaient au nombre de ses admirateurs ; presque tous les grands du royaume l'honoraient de leur estime, et Louis XIV lui donna des marques sensibles de la sienne en lui accordant une pension. Le duc de Bourbon, gouverneur de Bourgogne, le menait ordinairement aux états de cette province. Santeuil y trouva la mort en 1697, à soixante-six ans. « Un soir, dit le duc de Saint-Simon,
« à l'un de ces soupers, on se divertit à pousser San-
« teuil de vin de Champagne ; et, de gaieté en gaieté,
« on trouva plaisant de verser une tabatière pleine de
« tabac d'Espagne dans un grand verre de vin, et de
« le faire boire à Santeuil, pour voir ce qui en arrive-
« rait. On ne fut pas long-temps à en être éclairci. Les
« vomissements et la fièvre le prirent : en deux fois
« vingt-quatre heures le malheureux mourut dans des
« douleurs horribles ; mais les sentiments d'une grande
« pénitence, avec lesquels il reçut les sacrements, édi-
« fièrent autant qu'il fut regretté d'une compagnie peu
« susceptible d'édification, mais qui détesta une aussi
« cruelle expérience. » Son corps fut transporté de Dijon à Paris, dans l'abbaye de Saint-Victor, où l'on voyait son tombeau dans le cloître (maintenant rétabli dans l'église de Saint-Nicolas-du-Chardonnet), avec cette épitaphe: *Hic jacet J.-B. Santeuil qui sacros hymnos piis æquè ac politis versibus ad usum Ecclesiæ concinnavit.* On a tant dit de mal et de bien de Santeuil, qu'il est difficile de le peindre au naturel ; La Bruyère en a fait ce portrait : « Voulez-vous quelque autre pro-
« dige ? Concevez un homme facile, doux, complai-
« sant, traitable ; et tout d'un coup violent, colère,
« fougueux, capricieux. Imaginez-vous un homme
« simple, ingénu, crédule, badin, volage, un enfant
« en cheveux gris : mais permettez-lui de se recueillir,

« ou plutôt de se livrer à un génie qui agit en lui,
« j'ose dire, sans qu'il y prenne part, et comme à son
« insu, quelle verve! quelle élévation! quelles images!
« quelle latinité! Parlez-vous d'une même personne?
« me direz-vous. Oui, du même, de Théodas, et de
« lui seul. Il crie, il s'agite, il se roule à terre, il se
« relève, il tonne, il éclate : et du milieu de cette tem-
« pête, il sort une lumière qui brille et qui réjouit. Di-
« sons-le sans figure, il parle comme un fou, et pense
« comme un homme sage. Il dit ridiculement des cho-
« ses vraies, et follement des choses sensées et raison-
« nables. On est surpris de voir naître et éclore le bon
« sens du sein de la bouffonnerie, parmi les grimaces
« et les contorsions. Qu'ajouterai-je davantage? Il dit
« et il fait mieux qu'il ne sait. Ce sont en lui comme
« deux âmes qui ne se connaissent point, qui ne dé-
« pendent point l'une de l'autre, qui ont chacune leur
« tour, ou leurs fonctions toutes séparées. Il manque-
« rait un trait à cette peinture si surprenante, si j'ou-
« bliais de dire qu'il est tout à la fois avide et insatia-
« ble de louanges, prêt à se jeter aux yeux de ses cri-
« tiques, et dans le fond assez docile pour profiter de
« leurs censures. Je commence à me persuader moi-
« même que j'ait fait le portrait de deux personnages
» tout différents; il ne serait pas même impossible d'en
« trouver un troisième dans Théodas, car il est bon
« homme. » Le duc de Saint-Simon le peint d'une
manière plus simple, mais également juste : « Plein
« de feu, d'esprit, de caprices les plus plaisants, qui
« le rendaient de la plus excellente compagnie; bon
« convive, sur-tout aimant le vin et la bonne chère,
« mais sans débauche; et qui, avec un esprit et des ta-
« lents aussi peu propres au cloître, était pourtant

« dans le fond aussi bon religieux qu'avec un tel esprit il pouvait l'être. » Santeuil ne recevait pas toujours les avis avec docilité, et y répondait quelquefois avec emportement. Bossuet lui ayant fait quelques reproches, finit en lui disant : « Votre vie est peu édifiante; « et si j'étais votre supérieur, je vous enverrais dans « un petit couvent dire votre bréviaire. — Et moi, « reprit Santeuil, si j'étais roi de France, je vous fe- « rais sortir de votre Germigni, et vous enverrais dans « l'île de Pathmos faire une nouvelle *Apocalypse.* » Santeuil n'attendait pas qu'on louât ses vers; il en était toujours le premier admirateur. Il répétait souvent dans son enthousiasme : « Je ne suis qu'un atome, je « ne suis rien ; mais si je savais avoir fait un mauvais « vers, j'irais tout à l'heure me pendre à la Grève. » Quelques-uns de ses rivaux ont prétendu que l'invention de ses poésies n'était point riche ; que l'ordre y manquait; que le fonds en était sec, le style quelquefois rampant; qu'il y avait beaucoup d'antithèses puériles, de gallicismes, et sur-tout une enflure insupportable. Mais quoi qu'en aient dit ces censeurs, Santeuil est vraiment poète, suivant toute la signification de ce mot. Ses vers se font admirer par la noblesse et l'élévation des sentiments, par la hardiesse et la beauté de l'imagination, par la vivacité des pensées, par l'énergie et la force de l'expression. Dans son enthousiasme, il saisissait d'une manière heureuse et sublime les vérités de la religion. Un jour entrant dans une ancienne église d'une belle architecture gothique, et y voyant partout des objets condamnés par les sectaires modernes, il embrassa un pilier en s'écriant : *Cela est trop vieux pour être faux !* Un page étant venu, dans ses derniers moments, s'informer de son état *de la part* de son Altesse *monseigneur le duc de Bourbon*, Santeuil levant les yeux au ciel, s'écria : *Tu solus* Altissimus ! Il a fait des poésies profanes et sacrées. Ses poésies profanes renferment des inscriptions, des épigrammes, et d'autres pièces d'une plus grande étendue. Ses poésies sacrées consistent dans un grand nombre d'hymnes, dont quelques-unes sont des chefs-d'œuvre de poésie. Plusieur de ses pièces ont été mises en vers français. Ces traductions ont été recueillies dans l'édition de ses *OEuvres*, en 3 v. in-12, Paris, 1729. Ses *Hymnes* forment un quatrième v. in-12, qui se vend à part. On a publié, sous le nom de *Santoliana*, ses aventures et ses bons mots. Ce recueil est de La Monnoye. Les religieux de St-Victor se sont récriés contre cet ouvrage, qui met sur le compte de Santeuil plusieurs anecdotes scandaleuses et ridicules, auxquelles il n'a pas eu la moindre part. Il refusa de se faire ordonner prêtre, et demeura toute sa vie sous-diacre. — Son frère Claude Santeuil, né à Paris en 1628, et mort en 1684, demeura long-temps au seminaire de Saint-Maglorie en qualité d'ecclésiastique séculier ; ce qui lui fit donner le nom de *Santolius Maglorinus*. Il a fait aussi des *Hymnes*, que l'on conserve en manuscrit dans sa famille, en 2 vol. in-4, et une pièce de vers, imprimée avec les ouvrages de son frère.—Un autre Claude Santeuil, parent des précédents, marchand et échevin à Paris, mort vers 1729, a fait des *Hymnes*, imprimées à Paris, 1723, in-8.

Feller, *Dictionnaire historique*

SAPHO. Notice par Barthelemy, XXV, 426. — Jugement par le même, 429. — Critique du jugement de La Harpe par Boissonade, 432. — Appréciée par Marmontel, XX, 223, 225.

ET TABLE.

SARPI (Pierre-Paul), connu sous le nom de *Fra-Paolo* ou de *Paul de Venise* naquit dans cette ville en 1552, et mourut en 1623. Il a donné entr'autres ouvrages l'*Histoire du Concile de Trente*, traduite en français par le P. Courayer, apostat comme lui de la religion de ses pères. — Apprécié par La Harpe, XVII, 451.

SARRAZIN. Notice, XXVI, 1. — Jugement par La Harpe, 3. — Morceaux choisis. 4.

SATIRE, par Marmontel, XXVI, 24.

SAUMAISE (Claude de), fameux érudit et critique du XVII° siècle, né à Semur en 1588, mort en 1652, a laissé un grand nombre d'ouvrages, tous écrits en latin.

SAURIN (Jacques). Notice, XXVI, 35. — Jugement, 37. — Morceaux choisis, 38.

SAURIN (Bernard). Notice, XXVI, 41. — Jugement, avec citations, par La Harpe, 42.

SCALIGER (Jules-César), né en 1484, au château de Ripa, dans le territoire de Vérone, se disait descendu des princes de la Scala, souverains de Vérone. Augustin Niphus lui donne une origine différente : il prétend qu'il était fils d'un maître d'école appelé Benoît Burden. Ce maître d'école étant allé demeurer à Venise, y changea le nom de *Burden* contre celui de *Scaliger*, parce qu'il avait une échelle pour enseigne, ou parce qu'il habitait la rue de l'Échelle. Schoppius prétend qu'il était né dans une boutique d'enlumineur, qu'il fut frater sous un chirurgien, puis cordelier; qu'il quitta ensuite le froc pour se faire médecin. Quoi qu'il en soit, Scaliger porta les armes avec honneur dans sa jeunesse, s'acquit ensuite une grande réputation dans les belles-lettres et dans les sciences. Il exerça long-temps la médecine avec succès dans la Guyenne, et mourut à Agen en 1558, âgé de soixante-quinze ans. On a de lui : 1° un traité de l'*Art poétique*, 1561, in-fol. ; 2° un livre des *Causes de la Langue latine*, 1540, in-4.; 3° *De subtilitate libri* XXI, Paris, 1557, in-4; 4° *Exercitationum exoteticarum libri* XV, *de subtilitate ad Cardanum*, Paris, 1557, in-8 ; 5° *In libros duos Aristotelis qui inscribuntur* De Plantis, *Commentarii*, Amsterdam, 1664, in-fol. ; 6° *Aristotelis Historia de Animalibus cum Commentariis*, Toulouse, 1619 ; 7° *Commentarii et Animadversiones in sex libros Theophrasti de causis Plantarum*, Genève, 1556, in-fol. ; 8° *Animadversiones in Historias Theophrasti*, Amsterdam, 1644, in-fol. ; 9° des *Problèmes* sur Aulu-Gelle ; 10° des *Lettres*, Leyde, 1600, in-8 ; 11° des *Harangues* ; 12° des *Poésies*, in-8, et d'autres ouvrages en latin. On remarque dans ces différents ouvrages de l'esprit, beaucoup de critique et d'érudition ; mais sa vanité et son esprit satirique lui attirèrent un grand nombre d'adversaires, parmi lesquels Augustin Niphus et Cardan se signalèrent. On a reproché à Scaliger d'avoir montré du penchant pour les nouvelles erreurs ; mais plusieurs prétendent que ce reproche est mal fondé, que les calvinistes ont interpolé ses écrits, et qu'ils ont supprimé des poèmes qu'il avait faits à l'honneur des saints. Il est certain qu'il est mort en bon catholique. — SCALIGER (Joseph-Just), fils du précédent, né à Agen, l'an 1540, embrassa le calvinisme à l'âge de vingt-deux ans, et vint achever ses études dans l'Université de Paris, où il fit des progrès dans la chronologie, les belles-lettres, le grec, sans même négliger la langue hébraïque. Appelé à Leyde, il s'y occupa à écrire divers ouvrages pendant seize ans, et y finit ses jours en 1609, à soixante-neuf ans. Il légua sa bibliothèque à l'Université de Leyde, dont la plupart des ouvrages grecs et latins sont commentés et enrichis de notes de sa main. Joseph Scaliger, semblable à son père, avait la vanité la plus déplacée et l'humeur la plus caustique et la plus insupportable. Ses écrits sont un amas de choses utiles, et d'invectives grossières contre tous ceux qui ne le déclaraient point le phénix des auteurs. Ébloui par la sottise de quelques compilateurs qui l'appelaient *abyme d'érudition, océan de sciences, chef-d'œuvre, miracle, dernier effort de la nature*, il s'imaginait bonnement qu'elle s'était épuisée en sa faveur. C'était un tyran dans la litterature. Il se glorifiait de parler treize langues, c'est-à-dire qu'il n'en savait aucune à fond; mais il les connaissait assez pour y trouver des termes insultants et grossiers. Auteurs morts ou vivants, tous furent également immolés à sa critique. Il leur prodigua plus ou moins les épithètes de *fou*, de *sot*, d'*orgueilleux*, de *bête*, d'*opiniâtre*, de *plagiaire*, de *misérable esprit*, de *rustique*, de *méchant*, de *pédant*, de *grosse bête*, d'*étourdi*, de *conteur de sornettes*, de *pauvre homme*, de *fat*, de *fripon*, de *voleur*, de *pendard*. Il appelle tous les luthériens, *barbares*, et tous les jésuites, *ânes*.... Origène n'est qu'un *rêveur*, selon lui ; saint Justin, un *imbécile*, saint Jérôme, un *ignorant*; Ruffin, un *vilain maraud*; saint Chrysostome, un *orgueilleux vilain*; saint Basile, un *superbe*; et saint Thomas, un *pédant*. On prétend que c'est dans ce répertoire d'injures que Voltaire a puisé les siennes. Une si grande déraison faisait dire : « qu'assurément le diable était auteur de son érudi-« tion. » Il méritait de rencontrer quelqu'un encore plus emporté que lui. Le champion qu'on désirait se présenta. Joseph Scaliger ayant donné, en 1594, une lettre sur l'ancienneté et sur la splendeur de la race scaligérienne *(De Origine Gentis Scaligeræ*, in-4), Schoppius indigné du ton de hauteur qu'il prenait, publia les bassesses et les infamies vraies ou prétendues de sa famille; et on sent bien que Scaliger ne se tut pas sur celles de Schoppius. Scaliger se mêla de poésie, comme son père; mais le plus grand service qu'il ait rendu à la littérature, est d'avoir travaillé avec succès à trouver un fil dans le labyrinthe de la chronologie, et des principes pour ranger l'histoire dans un ordre méthodique. Ses ouvrages sont : 1º des *Notes* sur les tragédies de Sénèque, sur Varron, sur Ausone, sur Pompeius Festus, etc. Il y a souvent trop de finesse dans ses commentaires, et en voulant donner du génie à ses auteurs, il laisse échapper leur véritable esprit ; 2º des *Poésies*, 1607, in-12 ; 3º un traité *De Emendatione Temporum*, savant, quoiqu'il y ait des inexactitudes. La meilleure édition de cet ouvrage est celle de Genève, 1609, in-fol. Le P. Petau le redresse souvent dans son livre *De Doctrinâ Temporum*; 4º la *Chronique* d'Eusèbe, avec des notes, Amsterdam, 1658, 2 vol. in-fol. ; 5º *Canones isagogici;* 6º *De tribus Sectis Judæorum*, Delft, 1703, 2 vol. in-4., édition augmentée par Trigland; 7º *Epistolæ*, Leyde, 1627, in-8, publiées par Daniel Heinsius ; 8º *Annotationes in Evangelia,* etc., dans les critiques sacrées de Pearson ; 9º *De veteri Anno Romanorum,* dans le *Trésor des Antiquités romaines* de Grévius, tom. VIII ; 10º *De Re numerariâ,* dans les *Antiquités grecques* de Gronovius ; 11º *De Notitiâ Galliæ,* avec les *Commentaires* de César, Amsterdam, 1661, et dans le *Recueil des Écrivains français* de Du Chesne ; 12º divers autres ouvrages, dans lesquels on voit qu'il avait plus d'étude, de critique et d'érudition que Jules-César Scaliger son père, mais moins d'esprit. Les *Scaligeriana* (imprimés avec d'autres *Ana*, 1740, en 2 vol. in-12) ont été recueillis des conversations de Joseph Scaliger.

Feller, *Dictionnaire historique.*

Les deux Scaliger, père et fils, ont été deux prodiges de savoir, et deux prodiges de vanité. Schoppius a levé le masque de principauté dont le père s'était couvert, et a fait voir qu'il s'appelait Jules Bourdon; qu'il était né dans une boutique d'enlumineur, qu'il fut frater sous un chirurgien, son oncle paternel, et qu'il fut ensuite cordelier; mais que l'élévation de son esprit et de son courage lui fit aspirer à de plus grandes choses; qu'il quitta le froc, et prit le degré de docteur en médecine, qu'il obtint à Padoue; qu'il exerça la médecine dans les États de Venise et en Piémont, et s'attacha en cet emploi à un prélat de la maison de Rovere, et le suivit à Agen, dont l'évêché lui avait été conféré. Il s'y maria à une jeune fille, que quelques-uns ont dit avoir été fille d'un apothicaire : c'est de là qu'est sorti Joseph Scaliger, qui trouvant cette chimère de principauté dans sa famille, pour ne pas donner le démenti à son père, et pour satisfaire à sa propre ambition, se porta pour prince, et soutint toutes les fourberies que son père avait controuvées, et, pour les rendre plus vraisemblables, il y mit beaucoup du sien. Sur de tels fondements il bâtit ce beau roman de sa généalogie, adressé à Dousa, qui est à la tête de ses *Épîtres*, et qui donna si beau jeu à Schoppius pour le réfuter. Ce Schoppius avait été un de ses plus zélés courtisans, comme on le reconnaît dans ses premiers livres de critique. Mais étant depuis allé à Rome, et s'étant fait catholique, Scaliger, qui avait une langue dangereuse, dit qu'il était allé lécher les plats des cardinaux, *lingere patinas cardinalitias*. Cela étant rapporté à Schoppius, qui, outre le zèle d'un nouveau converti, et le désir de faire sa cour au Sacré-Collège, était encore plus médisant que Scaliger, il alluma toute sa bile contre lui, et alla exprès à Vérone, à Padoue, et à Venise, chercher des moyens de faux contre sa prétendue principauté, et le dégrada sans ressource par son *Scaliger Hypobolimæus*. Mais, avec tout cela, je dirais volontiers avec Lipse, que si les deux Scaliger n'étaient pas princes, ils méritaient de l'être, par la beauté de leur génie et l'excellence de leur savoir. Et c'était une autre cause de leur orgueil. Scaliger le père fut prié par un de ses amis de lui mander de quelle manière il voulait être dépeint dans un ouvrage qu'il préparait. On voit la réponse qu'il lui fit dans le recueil de ses *Lettres*, et on ne peut pas la voir sans être indigné de son ambition, qui va au-delà de toutes bornes. « Tâchez, lui dit-il, de ramasser ensemble les figures de « Massinisse, de Xénophon et de Platon, et vous ferez « un portrait qui me représentera imparfaitement, et ap- « prochera de moi. » Cependant avec tout le mérite qu'il avait, et tout celui qu'il croyait avoir, il a bien montré dans son *Hipercritique* qu'il n'avait nulle délicatesse de goût, par les jugements faux qu'il a faits d'Homère, de Musée, et de la plupart des autres poètes. Il l'a encore mieux montré par les poésies brutes et informes dont il a déshonoré le Parnasse. Mais c'est qu'il eût cru faire tort à la postérité, que de lui rien dérober de ce qui partait de lui. Il faut confesser cependant qu'il répare bien par sa prose le déchet de ses vers. Rien n'est plus noble, plus poli et mieux tourné. La lecture en est délicieuse, quand on ne la lirait que pour elle-même, sans avoir égard aux matières. Je la trouve seulement un peu trop oratoire, et trop soutenue dans le style didactique. Son fils avait le goût bien plus fin que lui ; son style était plus naturel et plus aisé, et n'était pas moins noble. Il avait hérité de l'effrénée outrecuidance de son père. Tous ses écrits sont un tissu de plaintes de l'injustice que lui fait son siècle de ce qu'on ne l'adore pas : il en assassine ses lecteurs. Il n'avance pas un trait d'érudition qui ne soit suivi, ou de remercîments qu'il se fait à lui-même de son rare mérite, ou de reproches à ceux qui lui ont épargné l'encens qu'il croit lui être dû, ou d'insultes et de médisances contre ceux qu'il rencontre sur son chemin. Il ne faut que lire ses *Scaligerana* pour reconnaître la malignité de son esprit, incapable de dire ou de penser du bien de personne. J'ai l'exemple du livre *De la Milice romaine*, dont Lipse lui fit présent, lorsqu'il publia cet ouvrage. Les marges sont pleines des remarques que Scaliger y fit de sa main ; et ces remarques sont autant d'injures atroces qu'il répand contre Lipse son ami, fort bon homme, et qui ne perdait aucune occasion de dire du bien de lui. Quoiqu'on ne puisse pas désavouer qu'il n'ait été un très grand personnage, qui a porté le flambeau dans les ténèbres de plusieurs parties de la littérature, et qui a honoré son siècle par l'éminence de son savoir, il est vrai néanmoins qu'il est tombé dans une infinité d'erreurs grossières, même sur les matières qu'il avait le plus cultivées. Le P. Petau a fait voir incontestablement combien lourdement il s'est abusé dans la chronologie, qui était son étude favorite, et à laquelle il avait rapporté ses autres études. Je dirai bien davantage : il croyait tenir l'empire souverain de la critique, et j'ose assurer que de tous ceux qui ont pratiqué cette partie de la littérature, il n'y en a presque aucun qui l'ait fait moins heureusement que lui ; tant on remarque de précipitation, de prévention et de témérité dans ses jugements. Je n'ai écrit sur Manilius, que pour faire voir que, dans les trois éditions de ce poète, il a entassé fautes sur fautes, et ignorances sur ignorances. Il a très superficiellement entendu la matière qui y est traitée, il a presque toujours pris de travers le sens du poète, et la plupart de ses restitutions, dont il s'applaudit et se sait si bon gré, sont des corruptions plutôt que des corrections. Il en avance plusieurs dans sa première édition, comme des oracles, et avec une pleine confiance ; et, après en avoir reconnu l'absurdité, il les rétracte dans la seconde, pour en proposer d'autres plus impertinentes. Je n'en parle pas ainsi sans fondement ; j'ai prouvé ce que je dis. Ce fut la réformation du calendrier, à laquelle on travaillait à Rome, qui l'engagea à l'étude de la chronologie. Il voulut faire voir qu'il était bien plus capable de cette entreprise que tous ceux qu'on y avait employés ; et véritablement si le succès de ce travail avait dépendu de l'étendue et de la variété de l'érudition, il aurait surpassé de bien loin tous ceux qui s'y appliquèrent ; mais il leur était beaucoup inférieur dans la solidité de l'esprit, dans l'exactitude du raisonnement, et dans la profondeur des spéculations. Quand il crut avoir trouvé la quadrature du cercle, il fut redressé et tourné en ridicule par un maître d'école, qui mit en évidence le paralogisme qui l'avait abusé, et coula à fond ses *Cyclométriques*.

Huet, *Pensées diverses.*

SAUSSURE (Horace de), né à Genève en 1740, mort en 1798, a rendu son nom célèbre par les découvertes qu'il a faites en physique et dans l'histoire naturelle, et principalement par son *Voyage dans les Alpes*, 4 vol. in-4, 1779-1796.

SCARRON. Notice par W. XXVI, 58. — Jugements, par Chénier, 63; par Palissot, ibid; par La Harpe, XXIV, 277; par Marmontel, avec citations, VI, 33 et suiv.

SCHILLER. Notice, XXVI, 65. — Jugement par Schlegel. 70, — Morceaux choisis, avec des réflexions par madame de Staël, 76.

SCHOELL (Frédéric), libraire et littérateur distingué, né en Alsace vers 1760, a donné entre autres écrits l'*Histoire de la Littérature grecque profane*, Paris, 1824-1825, 8 vol. in-8. — *Voy.* les extraits que nous avons donnés de cet excellent ouvrage aux articles Démosthène, Euripide, Sophocle, etc.

SCIPION ÉMILIEN, passe pour avoir eu part avec Lélius aux *Comédies* de Térence, XXVII, 324.

SCHLEGEL (Guillaume). Notice, XXVI, 82. — Jugement par madame de Staël, 85.

SCHLEGEL (Frédéric). Notice, XXVI, 86.—Jugement par madame de Staël, 88.

SCRIBE (Eugène), l'un des plus féconds et des plus spirituels auteurs dramatiques de notre époque, né à Paris le 24 décembre 1791, a enrichi plusieurs théâtres de la capitale d'un grand nombre de productions, qui ont presque toutes obtenu un succès mérité. Le nombre des pièces que M. Scribe a composées jusqu'ici, soit seul, soit en société, s'élève à plus de cent trente. Nous nous bornerons à citer les principales. Il a donné au Théâtre-Français *Valérie*, comédie en trois actes et en prose, qui a obtenu un grand nombre de représentations, et a mérité de rester

au courant du répertoire; à l'Odéon, *le Valet de son rival*; à l'Opéra-Comique, *la Chambre à coucher*, musique de Guénée; *le Valet de chambre*, musique de Caraffa; *Leycester*; *la Neige*; *le Concert à la Cour*; *Léocadie*; *le Maçon*; *Fiorella* : ces derniers ouvrages ont été mis en musique par M. Auber, compositeur plein de verve et d'originalité; *la Dame blanche*, qui a obtenu un succès prodigieux, dû, en grande partie, à la musique ravissante de Boïeldieu; *La Vieille*, musique de M. Fétis; au Vaudeville, *le Nouveau Pourceaugnac*; *le comte Ory*; *la Nuit de la Garde nationale*; *une Visite à Bedlam*; *le Fou de Péronne*; *la Somnambule*; *Frontin mari-garçon*; aux Variétés, *le Solliciteur*; *les deux Précepteurs*; *le comte d'Erfort, ou l'Ennui*; *l'Ours et le Pacha*; *l'Intérieur d'une Étude*; au Gymnase, *le Secrétaire et le Cuisinier*; *le Parrain*; *le Gastronome sans argent*; *le Colonel*; *la Petite Sœur*; *le Mariage enfantin*; *le Vieux Garçon*; *Michel et Christine*; *Philibert marié*; *la Demoiselle et la Dame*; *l'Écarté*; *l'Intérieur d'un Bureau*; *la Loge du Portier*; *l'Héritière*; *le Coiffeur et le Perruquier*; *la Maîtresse au Logis*; *Partie et Revanche*; *un Dernier Jour de fortune*; *la Mansarde des Artistes*; *les Grisettes*; *Rodolphe*; *Coraly*; *la Quarantaine*; *la Haine d'une femme*; *le plus Beau Jour de la Vie*; *la Demoiselle à marier*; *les Premières Amours*; *le Mariage de raison*. « Dans la plupart de
« ses ouvrages, M. Scribe, dit un critique, a montré
« une parfaite entente de la scène. Si l'intrigue est en
« général légère, les détails, en revanche, sont pleins
« de grace et d'intérêt. Les pièces de cet auteur obtiennent, si l'on peut s'exprimer ainsi, un succès de
« bon ton; aussi est-ce habituellement dans la bonne
« société qu'il puise ses inspirations. Jeune encore, il

« a déjà beaucoup fait pour sa fortune, et plusieurs
« ouvrages importants qu'il prépare, dit-on, ajoute-
« ront sans doute encore à sa gloire. »

SCUDERY (Georges), XXVI, 89.—Jugements, par Boileau, 91 ; par La Harpe, 92 ; par Marmontel, XXII, 174.

SCUDERY (Madeleine). Notice, XXVI, 92.—Jugements, par Voltaire, 94; par l'abbé Trublet, 95; par La Harpe, XXIV, 271.

SEDAINE. Notice, XXVI, 96. — Jugement par La Harpe avec citations, 97. — Morceaux choisis, 138.

SEDULIUS (Caius-Coelius ou Cecilius), prêtre et poète latin du Ve siècle, s'est montré quelquefois imitateur assez heureux de Virgile, dans son poème latin de la vie de J.-C., intitulé : *Paschale Carmen*. On le trouve dans le *Corpus Poetarum* de Maittaire.

SEGAUD. Notice, XXVI, 141. — Jugement par La Harpe, 142.

SEGRAIS. Notice, XXVI, 144. — Jugements, par Voltaire, 145 ; par La Harpe, avec citations, 146.

SÉGUR. Notice, XXVI, 152.

SÉLIS (N.-Joseph), membre de l'Institut, né en 1737 à Paris, où il mourut en 1802, a donné une excellente traduction de Perse. — Apprécié par La Harpe, XXI, 223.

SÉNECÉ. Notice, XXVI, 155. — Jugements, par Palissot, 156 ; par La Harpe, avec citations, 157.

SÉNÈQUE. Notice par Feller, XXVI, 160. — Jugements sur Sénèque, dit *le Tragique*, par Schlegel, 167 ; par La Harpe, avec citations, 168. — Jugements avec citations sur Sénèque *le Philosophe*, par La Harpe, 175 ; par Rollin, 177.

SÉVIGNÉ. Notice par H. Lemonnier, XXVI, 290.

— Jugements, par La Harpe, 300; par Marmontel, XIV, 424. — Morceaux choisis, XXVI, 305.

SHAFTSBURY (Antoine ASHLEY COOPER, comte de), moraliste anglais, né en 1676, mort à Naples en 1713, a laissé plusieurs ouvrages qui décèlent un génie profond et un habile observateur. Le principal est son *Traité des Mœurs ou Caractères*, traduit en français en 1771, 3 vol. in-8. — Apprécié par La Harpe, XI, 112.

SHAKSPEARE. Notice, XXVI, 313. — Jugements, par Marmontel, XIV, 364; XXII, 161; par Delille, XXVI, 315; par Blair, 317; par Dryden, *ibid.*; par Voltaire, avec citations, 320. — Morceaux choisis, 329.

SHENSTONE (Guillaume), poète anglais, né en 1714, à Hales-Owen, dans le Shropshire, mourut en 1763. Ses ouvrages ont été publiés à Londres en 3 vol. in-8. par Dodsley, son ami. Le premier contient ses *Poésies*, où l'on trouve de la grace et une aimable simplicité; le second renferme ses ouvrages en prose, et le troisième, ses *Lettres* à ses amis.

SHERIDAN (Richard BRUISLEY), né à Dublin en 1751, mort en 1816, était fils de l'acteur Thomas Sheridan, à qui l'on doit des *Leçons de Déclamation*, et *De l'Éducation en Angleterre, ou la Source des Désordres de la Grande-Bretagne*. Il s'est fait un nom distingué comme poète dramatique, et comme membre du parlement d'Angleterre. Son début au théâtre fut une comédie de caractère intitulée : *les Rivaux*, qui obtint du succès à Covent-Garden. Cette première pièce fut suivie de *la Duègne*, opéra-comique qui acheva d'établir sa réputation. Sheridan fit encore représenter plusieurs pièces qui furent très favorablement accueillies; mais celle qui lui fit le plus d'honneur est, sans contredit, *l'École du Scandale*, qui lui mérite le surnom du *Congrève moderne*. Son *Théâtre* a été publié à Paris chez Malpeyre, en 5 vol in-32, vélin.

SHERLOCK (Thomas), prélat anglais, mort vers 1749, âgé d'environ 78 ans, a laissé des *Sermons* et un traité intitulé *les Témoins de la Résurrection de J.-C.* qui ont été traduits en français par Abraham Lemoine, et réimprimés plusieurs fois tant en anglais qu'en français.

SICARD (Roche-Ambroise l'abbé), membre de l'Institut, successeur de l'abbé de l'Épée, né à Fousseret près de Toulouse, le 28 septembre 1742, mort à Paris, en 1822, a donné plusieurs ouvrages relatifs à l'instruction des sourds-muets, et notamment les *Éléments de grammaire générale appliqués à la langue française*, 2 vol. in-8, qui ont eu plusieurs éditions.

SIDOINE-APOLLINAIRE (C. SOLLIUS APOLLINARIS SIDONIUS)', naquit à Lyon le 5 novembre 430, d'un préfet du prétoire, gendre de l'empereur Avite, et mourut vers 488.

Nous avons ses *Poésies* en vingt-quatre pièces, imprimées ordinairement avec les neuf livres de ses *Épîtres*. Le siècle où il vivait fait excuser le style dur, l'obscurité et les fautes de prosodie de ses vers *.

Il renonça à la poésie en renonçant au siècle, et il ne fit plus de vers depuis qu'on l'eut fait évêque de Clermont en Auvergne, ce qui arriva en l'an 472.

SILIUS ITALICUS. Notice par Rollin, XXVI, 336.—Jugement par La Harpe, 338.—Morceau choisi, traduit en vers par C. Loyson, 339. — Cité par Marmontel, XV, 467.

---

* Sidoine-Apollinaire, a dit un de nos meilleurs critiques, ressemble quelquefois aux Anciens par l'originalité. Ses *Lettres* et ses *Poésies* ont été traduites en français par Edme de Sauvigny, Paris 1787, in-8.   F.

SILVAIN, auteur d'un *Traité du Sublime.* — Apprécié par La Harpe, XVIII, 27.

SILVESTRE DE SACY (Antoine-Isaac le baron), membre de l'Académie des Inscriptions et Belles-Lettres, officier de la Légion-d'Honneur, etc., né à Paris le 21 septembre 1758, est regardé comme le premier orientaliste de l'Europe. Parmi ses nombreuses et savantes productions nous nous bornerons à citer ses *Principes de grammaire générale*, 1799, in-12, plusieurs fois réimprimés; la *Chrestomathie arabe*, 1806, 3 vol. in-8.; la *Grammaire arabe à l'usage des élèves de l'École spéciale des langues orientales vivantes*, 1810, 2 vol. in-8, et la *Relation de l'Égypte* par Abdallatif, traduite et enrichie de notes savantes, 1810, in-4. — *Voy.* dans le *Répertoire* sa notice sur Sainte-Croix.

SIMONIDE. Notice par Feller, XXVI, 341. — Jugement, avec citations, par Barthelemy, 342.

SIMPLE, par Marmontel, XXVI, 346.

SISMONDI. XXVI, 350. — Morceau choisi, *ibid.*

SITUATION, par Marmontel, XXVI, 356.

SMOLLET. Notice, XXVI, 362. — Morceaux choisis, 363. — Walter-Scott lui a consacré un article dans sa *Biographie littéraire des Romanciers célèbres.*

SOCRATE, le plus grand philosophe de l'antiquité, naquit à Athènes l'an 469 avant J.-C. Il ne reste de lui que quelques *Lettres.* — Apologie de Socrate par Platon, *voy.* les jugements de Thomas, La Harpe et Le Clerc sur Platon. — Dernières paroles de Socrate à ses disciples par de Lamartine, XVI, 363.

SOLON, législateur des Athéniens, et le second des *sept Sages** de la Grèce, naquit à Athènes vers l'an 639,

---

* Les *sept Sages*, par lesquels on ouvre ordinairement l'histoire de la philosophie grecque, « recueillaient, dit Barthelemy, le petit nombre de et mourut l'an 559 avant J.-C. Il avait composé un *Traité des Lois* et plusieurs autres écrits qui ne sont pas parvenus jusqu'à nous.

SONNET, par La Harpe, XXVI, 367.

SOPHOCLE. Notice par Schoell, XXVI, 370. — Son portrait par Schlegel, 372. — Jugement, avec citations, par La Harpe, 376. — Parallèle d'Eschyle, de Sophocle et d'Euripide, par Barthelemy, XIII, 57. —

vérités de la morale et de la politique, et les renfermaient dans des maximes assez claires pour être saisies au premier aspect, assez précises pour être ou pour paraître profondes. Chacun d'eux en choisissait une de préférence, qui était comme sa devise et la règle de sa conduite. Liés d'une amitié qui ne fut jamais altérée par leur célébrité, ils se réunissaient quelquefois dans un même lieu pour se communiquer leurs lumières et s'occuper des intérêts de l'humanité. »

Pour mieux fixer ces maximes dans la mémoire, à une époque où l'art d'écrire n'était pas encore bien commun, on leur donna une forme métrique; ces vers furent gravés sur des plaques de marbre qu'on plaça dans le temple d'Apollon à Delphes. Voici les noms de ces sept Sages.

Pittacus de Mitylène; Solon d'Athènes; Cléobule de Linde; Périandre, tyran ou prince de Corinthe, à la place duquel d'autres nomment Myson; Chilon de Lacédémone; Bias de Priène, et Thalès de Milet, qui jeta les fondements de la philosophie des Grecs, environ 600 ans avant J.-C. On met sur la même ligne le Scythe Anacharsis.

L'histoire des sept Sages est enveloppée de fables que la saine critique repousse. Dans cette classe, il faut placer tout ce qu'on a dit d'une réunion ou d'un banquet qu'ils auraient célébré soit chez Cypsélus, prince de Corinthe, soit à Delphes, soit chez Périandre, fils de Cypsélus.

La philosophie de ces sages, plus pratique que spéculative, est désignée par les épithètes de *politique* et *gnomique*, ou sentencieuse.

Il existe trois collections des sentences des sept Sages. Les deux premières, attribuées à Démétrius de Phalère, et à un certain Sosiade, nous ont été conservées par Stobée. La troisième est anonyme. Divers apophthegmes de ces sages, qu'on ne trouve dans aucune de ces collections, se lisent dans Diogène, Plutarque et d'autres écrivains.

SCHOELL, *Histoire de la Littérature grecque.*

Apprécié par Marmontel, XIII, 141.—Morceaux choisis traduits en vers par J. Anceau, XXVI, 461.

SOUMET. Notice, XXVI, 468.— Morceaux choisis, 469.

SOUZA (madame de). Notice et jugement par Patin, XXVII, 1.

SPENSER (Edmond), célèbre poète anglais, né à Londres en 1553, mort en 1598, a laissé plusieurs ouvrages; celui qu'on estime le plus est intitulé : *la Reine des Fées*, 1 vol. in-8. Ses *OEuvres* ont été réunies en 1805, Londres, 8 vol. in-8.

SPINOSA (Benoît), né à Amsterdam en 1632, d'un juif portugais, mort à La Haye en 1677. Celui de ses ouvrages qui a fait le plus de bruit est son *Tractatus theologico-politicus*, où il jette la semence de l'athéisme qu'il a professé dans ses *Opera posthuma*. — Critiqué par La Harpe et par Bayle, XIII, 379.

STAAL (madame de). — Notice, XXVII, 11. — Jugement par Marmontel, XIX, 99.

STACE. — Notice par Rollin, XXVII, 13. —Jugements, par le même, 14; par La Harpe, 15 ; par de Guerle (avec un morceau choisi, traduction du même), 16.

STAEL (madame de).—Notice par Favier, XXVII, 30. — Jugement par Duviquet, avec l'analyse de ses ouvrages, 36. — Morceaux choisis, 93. — *Voy*. dans le *Répertoire* ses jugements sur Goethe, Muller, Winckelmann, Wieland, Werner, etc.

STANCE, par Marmontel, XXVII, 95.

STANYAN, écrivain anglais, a donné une *Histoire de la Grèce*.—Idée de cet ouvrage et de la traduction française, par Diderot, XI, 112.

STEELE. Notice, XXVII, 109.—Morceaux choisis, 110.

STERNE. Notice, XXVII, 115.—Jugement par Delalot, 119.

STÉSICHORE, célèbre poète grec, né à Himère, ville de Sicile, mort à Catane, l'an 536 avant J.-C., se distingua dans la *Poésie lyrique*. Il ne nous reste rien de ses ouvrages.

STOBÉE (Jean), critique grec. Toutes les circonstances de sa vie nous sont inconnues, et nous ignorons jusqu'au siècle où il a vécu. Tout ce que nous pouvons dire avec certitude, c'est qu'il est postérieur à Hiéroclès d'Alexandrie, puisqu'il nous a laissé des extraits de ses ouvrages; et, comme il ne cite aucun écrivain plus récent, on peut supposer qu'il n'a pas vécu très longtemps après lui. On peut tirer la même induction d'une autre circonstance. A l'exception de saint Grégoire le Théologien, Stobée n'allègue pas un seul écrivain chrétien; et l'on peut même douter de l'exactitude de cette citation, vu que c'est une main étrangère qui a marqué les noms des auteurs en marge du manuscrit. Il y a dans ce silence une affectation dont on peut conclure qu'il était païen. Mais le paganisme disparut entièrement dans l'empire romain, au moins dans la classe instruite, avec le VI⁰ siècle. Stobée ne doit par conséquent pas être d'une époque postérieure.

Stobée avait beaucoup lu; il avait pris l'habitude de lire la plume à la main, et d'extraire de tous les livres ce qui lui paraissait le plus remarquable. Ayant recueilli ainsi un grand nombre de matériaux, il les disposa ensuite, dans un ordre systématique, à l'usage de son fils, de l'éducation duquel il paraît avoir fait sa principale occupation. C'est ainsi que prit naissance un recueil distribué en quatre livres, qu'il publia sous le titre d'*Anthologie, ou Choix d'extraits, sentences et préceptes.* Cet ouvrage nous est parvenu, mais sous une forme un peu différente, qui a embarrassé les commentateurs. Nous avons bien trois livres d'extraits rassemblés par Stobée, mais il forment dans les manuscrits deux ouvrages distincts : l'un composé de deux livres, l'autre n'en formant qu'un seul. On donne à l'un le titre d'*Églogues* (c'est-à-dire d'extraits) *physiques, dialectiques et moraux* ; et à l'autre celui de *Discours*, en latin *Sermones*. Mais dans les manuscrits il existe quelque confusion à cet égard. Quelques-uns, qui ne renferment que les *Églogues*, disent seulement premier ou second livre de Stobée, sans ajouter une désignation plus précise. D'autres donnent à chacun des deux ouvrages le titre d'*Anthologie*. Dans les *Églogues* et les *Discours*, l'auteur paraît s'être proposé deux objets différents. Les *Églogues* sont pour ainsi un ouvrage historique, parce qu'elles font connaître les opinions des auteurs anciens sur des questions de physique, de philosophie spéculative et de morale, tandis que les *Discours* ne sont qu'un ouvrage de morale.

SCHOELL, *Histoire de la Littérature grecque.*

STRABON. Le premier géographe de l'antiquité, à ne considérer cette science que sous un point de vue historique, est Strabon. Ce célèbre géographe naquit à Amasée en Cappadoce, on ne sait exactement qu'elle année, mais environ soixante ans avant J.-C. Il fit ses études à Nyssa, sous Aristodème; à Amisus, dans le Pont, sous Tyrannion; et à Séleucie, sous Xénarque. Il se rendit ensuite à Alexandrie, et s'attacha d'abord au péripatéticien Boethus de Sidon. Athénodore de Tarse le gagna pour le Portique. Il visita l'Asie-Mineure, la Syrie, la Phénicie et l'Égypte jusqu'aux limites de l'Éthiopie, c'est-à-dire jusqu'à la ville de Syène et aux cataractes du Nil. Dans ce dernier pays, il se lia d'amitié avec Ælius Gallus. L'an 24 avant J.-C., ce général entreprit, par ordre d'Auguste, une expédition en Arabie. Plus tard il parcourut toute la Grèce et la Macédoine, et l'Italie, à l'exception de la Gaule cisalpine et de la Ligurie. Il est important de déterminer l'étendue de ses voyages, parce que Strabon parle en témoin oculaire des pays qu'il a visités, tandis que, pour les autres, il n'est que compilateur des récits de ses devanciers, et des renseignements qu'il a recueillis de la bouche des voyageurs de son temps.

Dans un âge avancé, il rédigea une *Géographie* en dix-sept livres, qui nous a été conservée, de manière cependant que le septième livre est incomplet. «Parmi
« les ouvrages anciens que le temps a respectés, disent
« les auteurs de la traduction française, il en est peu
« qui présentent un intérêt aussi vaste, aussi soutenu
« que la *Géographie* de Strabon. Elle renferme presque
« toute l'histoire de la science, depuis Homère jus-
« qu'au siècle d'Auguste : elle traite de l'origine des
« peuples, de leurs migrations, de la fondation des
« villes, de l'établissement des empires et des républi-
« ques, des personnages les plus célèbres; et l'on y
« trouve une immense quantité de faits qu'on cherche-
« rait vainement ailleurs. »

Dans le récit de ces faits, en partie recueillis par lui-même, en partie puisés dans les sources qu'il indique, Strabon montre un jugement excellent toutes les fois que des préjugés ne l'aveuglent pas; car si sa prévention en faveur d'Homère peut s'excuser jusqu'à un certain point, l'injustice avec laquelle il traite Hérodote et Pythéas, prouve qu'il n'a pas toujours su se garantir d'impulsions étrangères. Des juges, peut-être trop sévères, lui ont reproché d'avoir sacrifié des détails curieux, mais quelquefois dénués d'agrément, au désir de plaire à une classe de lecteurs qui préfère l'amusement à l'instruction. Au reste, l'ouvrage de Strabon, riche en notions historiques, est extrêmement pauvre dans la partie mathématique.

Une chose qui doit nous étonner, c'est le peu de succès que l'ouvrage de Strabon paraît avoir eu parmi les Anciens, si du moins on peut regarder comme une preuve du peu de cas qu'ils en faisaient le silence que les auteurs observent à son égard. Marcien d'Héraclée, Athénée et Harpocration sont les seuls qui le citent. Pline et Pausanias paraissent ne pas même l'avoir connu de nom. Josèphe et Plutarque nomment Strabon; mais c'est pour parler de ses *Mémoires historiques*. La célébrité de Strabon date du moyen âge : elle fut si universelle, qu'on prit l'habitude de le désigner par le seul nom du *Géographe*.

La *Géographie* de Strabon consiste en deux parties; la première, qui se compose des deux premiers livres est destinée à la cosmographie ou à la description de la terre en général ; avec le troisième livre commence la chorographie ou la description particulière des pays, en quinze livres, dont huit sont consacrés à l'Europe, six à l'Asie, et un seul à l'Afrique.

Il existe, de tout l'ouvrage de Strabon, un abrégé ou une *Chrestomathie*, faite après l'an 980 de J.-C., par laquelle on a quelquefois corrigé le texte du grand ouvrage, qui nous est parvenu dans une forme très corrompue, tant parce que le manuscrit qui paraît avoir servi d'original à la plupart des copies qui existent renfermait une infinité de passages illisibles, que parce que plusieurs copistes ont pris sur eux de remplir ces lacunes.

Indépendamment de la *Chrestomathie* qui a été publiée par voie d'impression, les bibliothèques renferment plusieurs collections d'extraits de Strabon, rédigées à différentes époques : une de ces collections mises en ordre par Georges-Gémiste Pléthon, peut fournir de bonnes corrections du texte.

Strabon avait aussi composé un ouvrage historique, une suite de Polybe, qu'il cite lui-même sous le titre de *Mémoires historiques*. Ils s'étendaient, à ce qu'il paraît, un peu plus loin que la continuation du même historien par Posidonius de Rhodes : car on voit par Plutarque que la mort du dictateur César y était rapportée. Quelques savants pensent que Strabon a composé deux ouvrages historiques, l'un intitulé : *Mémoires*, et l'autre *Suite de Polybe*. Cette opinion se fonde sur un passage du géographe où il dit avoir parlé en détail des Parthes dans le sixième livre de ses *Mémoires*, ou le second de la *Suite de Polybe*. D'autres traduisent ce passage, dans le sixième livre des *Mémoires* (étant le) second de la *Suite de Polybe*, de manière que les quatre premiers livres des *Mémoires* auraient été une introduction générale, et que la véritable *Suite de Polybe* n'aurait commencé que dans le cinquième. Ce qui vient à l'appui de cette interprétation, c'est qu'il n'est pas probable que Strabon ait donné des détails sur les Parthes en deux ouvrages historiques différents.

Le meilleur texte grec de Strabon est celui de l'édition de M. Coray, qui a paru à Paris en 1816 et 1819, en 4 vol. in-8 : elle est sans traduction, mais accompagnée d'un excellent commentaire et de plusieurs tables.

Schoell, *Histoire de la Littérature grecque.*

STROPHE, par Marmontel, XXVII, 129.

STYLE, par Marmontel, XXVII, 138; par Buffon, 160; par Loyson, 170.

SUARD. Notice, XXVII, 175. — *Voy.* dans le *Répertoire* ses notices sur La Bruyère, le Tasse, Vauvenargues, et ses jugements sur Addison, Bacon, Congrève, La Bruyère, Vauvenargues et autres.

SUBLIME, par Marmontel, XXVII, 177.

SUÉTONE. Notice par Rollin, XXVII, 186. — Jugement par La Harpe, 188. — Cité avec éloge par Montesquieu, XV, 254.

SUIDAS. Le plus célèbre parmi les *Glossaires* grecs est celui de Suidas, mais il n'y en a peut-être pas dont l'auteur soit moins connu. Il l'est si peu, qu'on a même élevé des doutes sur l'existence d'un écrivain du nom de Suidas; mais ce scepticisme paraît exagéré, puisque Eustathe cite dix fois cet auteur. Nous ignorons toutes les circonstances de sa vie; aucun autre écrivain n'en parle, et lui-même ne rapporte rien qui lui soit personnel. On ne peut pas fixer l'époque où il a fleuri par celle des individus dont il parle, ni des auteurs qu'il cite, parce que son *Lexique* a été tellement altéré par des interpolations, qu'on ne sait plus ce qui est de Suidas et ce qui a été ajouté.

Ce *Lexique* est une compilation d'extraits des anciens grammairiens, scholiastes et lexicographes. Il se distingue essentiellement des autres ouvrages du même genre dont nous avons parlé jusqu'à présent, en ce qu'il ne donne pas seulement l'explication des mots de la langue, mais que c'est en même temps un dictionnaire historique renfermant des notices sur les auteurs les plus célèbres, et des extraits de leurs ouvrages, toutefois seulement de ceux d'une époque comparativement moderne.

On a remarqué que les notices biographiques se ressemblent tellement par une certaine uniformité de style, qu'on est tenté de croire que Suidas les a toutes prises dans un seul ouvrage historique ou dans une espèce d'*Onomasticum*. Pearson et Küster ont indiqué les sources de presque tous les fragments d'auteurs profanes que Suidas a placés dans sa composition; mais ils n'ont pu trouver celle d'aucune notice biographique. C'est donc d'un ouvrage perdu que Suidas s'est servi. Quel est cet ouvrage? Il le dit lui-même à l'article d'Hésychius de Milet. « Il a écrit, dit-il, un *Ono-*« *matologue* ou Tableau des hommes qui se sont distin-« gués dans les siences *dont cet ouvrage est un abrégé.* » C'est donc l'ouvrage d'Hésychius qui a été sa source, non le maigre extrait que nous en avons, mais le grand *Lexique* de ce grammairien, qui est perdu.

En compilant des matériaux pris en différents endroits, Suidas a montré dans ce travail une grande négligence et un défaut absolu de jugement et de critique. Il cite d'après des leçons vicieuses et corrompues; il estropie les noms; il confond les personnes et les auteurs; ses citations fort souvent ne prouvent pas ce qu'elles doivent prouver; mais, nous le répétons, on ne sait si toutes ces imperfections doivent être mises sur le compte de Suidas ou des personnes qui ont défiguré son texte. Au reste, quel que soit le mérite de ce lexique comme composition littéraire, son contenu est de la plus haute importance pour le philologue et pour l'historien, à cause des nombreux passages d'auteurs perdus qu'il nous a conservés, et des renseignements précieux sur les antiquités politiques et littéraires de la Grèce, et particulièrement sur l'histoire du drame, qu'on ne trouve pas ailleurs. Ses remarques s'étendent aussi sur la *Bible*. La meilleure édition de Suidas est due à Ludolphe Küster, Cambridge, 1705, 3 vol. in-fol.

Schoell, *Histoire de la Littérature grecque.*

SULLY. Notice, XXVII, 188. — Apprécié par Marmontel, XIX, 105.

SUPERVILLE. Notice, XXVII, 191. — Morceau choisi, 192.

SURVILLE (Clotilde). — Notice, XXVII, 194. — Morceau choisi, 198.

SWIFT. Notice, XXVII, 200. — Apprécié par Marmontel, VIII, 463.

SYMBOLE. Par Marmontel, XXVII, 202.

SYMMAQUE. Notice et jugement, avec citations, par Villemain, XXVII, 208. — Apprécié par La Harpe, XVII, 439.

T

TACITE. Notice, par Rollin, XXVII, 219. — Jugements, par le même, 224; par Thomas, 228; par La Harpe, 235; par Marmontel, avec citations, XV, 268 : XXII, 296.

TALBERT (François-Xavier), né à Besançon en 1725, mort en 1803, est auteur d'un *Discours sur la Source de l'Inégalité parmi les Hommes*. Il a écrit plusieurs *Éloges* qui ont été couronnés dans différentes académies. — Cité par La Harpe, XXV, 273.

TALON (Omer), avocat général, mort en 1652,

est regardé comme l'oracle du barreau. On a de lui des *Mémoires sur la Fronde*, 8 vol. in-12.—Cité par La Harpe, XIX, 116.

TARGET, avocat du XVIIIe siècle, membre de l'Académie-Française, né à Paris en 1733, mort en 1806, a laissé des *Mémoires judiciaires* qui ne sont pas sans mérite, II, 472.

TASSE. Notice par Suard, XXVII, 241. — Jugements, par Voltaire, 269; par Blair, 280; par Chateaubriand, 285; par Delile (en note), 286. — Morceaux choisis (traduction de La Harpe et de Baour-Lormian), 287. — Apprécié par Marmontel, X, 470.

TASSONI (Alexandre), poète italien, né à Modène en 1565, mort en 1635.—Apprécié par La Harpe, V, 79.

TAVIAND (Philippe), né à Lons-le-Saulnier vers 1797, enlevé aux lettres en 1825, avait composé une comédie en trois actes et en vers, qui obtint le suffrage de juges très éclairés, et qui fut reçue au Second Théâtre-Français. Il a donné dans le *Répertoire* un grand nombre de notices, entr'autres celles sur Chamfort, les deux Chénier, Condillac, Condorcet, T. Corneille, Crébillon fils, Dante, Favart, etc.

TEMPÉRÉ. Par Marmontel, XXVII, 312.

TENCIN (Claudine-Alexandrine GUERIN de), morte à Paris en 1749.—Son roman du *Comte de Comminge*, apprécié par La Harpe, XXIV, 276.

TÉRENCE. Notice par Rollin, XXVII, 317. — Jugements, par le même, 320; par La Harpe, 321; par Marmontel, VIII, 308.

TERTULLIEN. Notice par Feller, XXVII, 332.— Jugements, par Fénelon, 336; par Chateaubriand, 337; par Guillon, *ibid*; par La Harpe, XVII, 439.

TÊTU, chansonnier français. Ce qu'on en doit penser, VII, 74.

THALÈS. *Voy*. l'art. SOLON du *Supplément*.

THÉOCRITE. Notice par Schoell, XXVII, 339. — Jugements, par La Harpe, 341; par Bernardin de Saint-Pierre, 343. — Morceaux choisis, 344.

THEOGNIS. Notice par Le Clerc, XXVII, 353.

THÉOPHILE. Notice, XXVII, 357. — Morceau choisi, 359.

THÉOPHRASTE. Notice, XXVII, 360. — Apprécié par La Harpe, XXVI, 215, 216.

THEOPOMPE, orateur et historien de l'île de Chio, eut Socrate pour maître. Il remporta le prix qu'Artémise avait décerné à celui qui ferait le plus bel éloge funèbre de Mausole son époux. Tous ses ouvrages sont perdus. On regrette ses *Histoires*; elles étaient, suivant les Anciens, écrites avec exactitude, quoique l'auteur eût du penchant à la satire. Josèphe rapporte, d'après un discours de Démétrius de Phalère à Ptolomée-Philadelphe, que Théopompe ayant voulu insérer dans un de ses ouvrages historiques quelques endroits des *Livres Saints*, eut l'esprit troublé pendant trente jours, et que dans un intervalle lucide, ayant reconnu que cela ne lui était arrivé que parce qu'il avait voulu faire un usage profane de ces vieux et respectables monuments, il appaisa la colère de Dieu, et fut guéri de sa maladie. (*Histoire des Juifs*, liv. XII, chap. II.)

FELLER, *Dictionnaire historique*.

THERAMÈNE, orateur grec. Ce qu'en pensait Cicéron, X, 309.

THÉRÈSE (sainte), née à Avila, dans la Vieille-Castille, le 28 mars 1515, était la cadette de trois filles d'Alphonse-Sanchez de Cépède et de Béatrix d'Ahumade, tous deux aussi illustres par leur piété que par leur noblesse. La lecture de la *Vie des Saints*, qu'Alphonse faisait tous les jours dans sa famille, inspira à Thérèse une grande envie de répandre son sang pour J.-C. Elle s'échappa un jour, avec un de ses frères, pour aller chercher le martyre parmi les Maures. On les ramena, et ces jeunes gens, ne pouvant être martyrs, résolurent de vivre en ermites. Ils dressèrent de petites cellules dans le jardin de leur père, où ils se retiraient souvent pour prier. Thérèse continua de se porter à la vertu jusqu'à la mort de sa mère, qu'elle perdit à l'âge de 12 ans. Cette époque fut celle de son changement. La lecture des romans la jeta dans la dissipation; et l'amour d'elle-même et du plaisir aurait bientôt éteint toute sa ferveur, si son père ne l'eût mise en pension dans un couvent d'augustines d'Avila. Elle aperçut le précipice auquel la grace de Dieu venait de l'arracher, et pour l'éviter à l'avenir, elle se retira dans le monastère de l'Incarnation, de l'ordre du Mont-Carmel, à Avila, et y prit l'habit le 2 novembre 1536, à vingt-un ans. Ce couvent n'était point à l'abri de quelques irrégularités et de quelques dissipations trop mondaines. Thérèse entreprit de le réformer. Après avoir essuyé une infinité de traverses, elle eut la consolation de le voir le premier monastère de sa réforme fondé dans Avila en 1562. Le succès de la réformation des religieuses l'engagea à entreprendre celle des religieux. On en vit les premiers fruits en 1568, par la fondation d'un monastère à Dorvello, diocèse d'Avila, où le bienheureux Jean de la Croix fit profession à la tête des religieux qui embrassèrent la réforme. C'est l'origine des carmes déchaussés. Dieu répandit des bénédictions si abondantes sur la famille de Thérèse, que cette sainte vierge, malgré les persécutions domestiques et étrangères, laissa trente monastères réformés, quatorze d'hommes et seize de filles. Après avoir vécu dans le cloître quarante-sept ans, les vingt-sept premiers dans la maison de l'Incarnation, et les vingt autres dans la réforme, elle mourut à Albe, en retournant de Burgos, où elle venait de fonder un nouveau monastère, le 4 octobre 1582, à 68 ans. Son institut fut porté, de son vivant, jusqu'au Mexique, dans les Indes occidentales, et s'étendit en Italie. Il passa ensuite en France, aux Pays-Bas, et dans tous les pays de la chrétienté. Grégoire XV la canonisa en 1621. L'ouverture de son tombeau fut faite le 2 octobre 1750, 128 ans et six mois depuis sa canonisation. Tendre et affectueuse jusqu'aux larmes les plus abondantes, vive et toute de flamme, sans délire et sans emportement, cette sainte porta l'amour divin au plus haut degré de sensibilité dont soit susceptible le cœur humain. On connaît sa sentence favorite dans ses souffrances, qui étaient comme l'aliment de son amour pour Dieu : *Ou souffrir, Seigneur, ou mourir !* Un orateur lui applique avec beaucoup de justesse ces paroles de l'*Ecclésiastique* : « Elle a passé comme une flamme et « comme l'encens qui se consume dans le feu. » (*Quasi ignis effulgens, et thus ardens in igne*). On a de sainte Thérèse plusieurs ouvrages écrits en espagnol, où l'on admire également, la piété, l'énergie des sentiments, la beauté et l'agrément du style. Les principaux sont 1° un volume de *Lettres*, publiées avec les notes de D. Juan de Palafox, évêque d'Osma ; 2° Sa *Vie*, composée par elle-même ; 3° Sa *Manière de visiter les monastères des Religieux* ; 4° *Méditations après la Communion* ; 5° *Le Chemin de la Perfection* ; 6° *Histoire de ses fondations* ; 7° *Avis à ses religieuses* ; 8° *Méditations sur le Pater* ; 9° Le *Château de l'Ame* ; c'est un traité particulier sur l'oraison et sur les communications célestes de l'Esprit-Saint, qu'elle fit par ordre de Velasquez, depuis évêque d'Osma, enfin archevêque de Compostelle, alors son confesseur ; 10° *Pensées sur l'Amour de Dieu*. Arnauld d'Andilly a traduit presque tous ses ouvrages en français, 1670, in-4°. Cette traduction se ressent un peu de la vieillesse de son auteur. L'abbé Chanut en publia une meilleure en 1691. Villefore a donné une *Vie de sainte Thérèse*, 2 vol. in-12, souvent réimprimée. La Monnoye a mis en vers français l'*Action de graces* que faisait, dit-on, cette sainte après la communion, sous le titre de *Glose de sainte Thérèse*. Glose est une sorte d'ancienne poésie espagnole, ainsi nommée parce qu'elle est comme une explication des vers appelés *texte*, qu'on mettait à tête de la pièce. La traduction est bien faite, et l'original fait autant d'honneur à l'esprit qu'à la tendre piété de Thérèse ; mais il n'y a guère d'apparence que cette grande sainte exprimât, après la communion, son amour envers Dieu d'une manière si recherchée, et sur-tout en rimes composées par elle-même. Don La Taste a donné une édition d'une partie des *Lettres* de sainte Thérèse, avec une préface estimée, 1748, in-4°. M. Chappe de Ligny, avocat, en publia en 1753 un autre vol. in-4°, qui est de sa composition. La traduction est de mademoiselle de Maupeou, appelée en religion la mère Thérèse de Saint-Joseph. Ces deux traducteurs ont fidèlement rendu ces *Lettres* en français. *Voy.* aussi l'*Esprit de sainte Thérèse, recueilli de ses OEuvres et de ses Lettres*, par M. Emery, Lyon, 1775, in-8°, ou Paris, et la *Vie* de la même sainte par Ribera.

Feller, *Dictionnaire historique*.

THERPANDRE, poète grec, chantait réellement sur la lyre, XVIIII, 183.

THÉRY, censeur au Collège-Royal de Versailles, a remporté en 1820 le prix décerné par l'Académie-Française au meilleur *Discours sur le Génie poétique.* — *Voy*. un passage de ce *Discours*, IV, 21, du *Répertoire.*

THESPIS, poète tragique grec, florissait vers l'an 536 avant J.-C. — Ce qu'en dit La Harpe, XII, 452.

THIBAULT. Notice, XXVII, 363. — Cité par La Harpe, XVIII, 401.

THIESSÉ (Léon), poète et littérateur distingué, est né à Rouen le 9 septembre 1793. — Cité, II, 238. — — *Voy*. aussi son jugement sur Villemain.

THOMAS. Notice, XXVII, 366. — Jugements, par Marmontel, 379; par Maury, 381; par Dussault, 382; par La Harpe, 386; par Marmontel, XIV, 431.—Morceaux choisis, XXVII, 403. — *Voy*. dans le *Répertoire* ses jugements sur d'Aguesseau, Bossuet, Claudien, Descartes, Fléchier, Lucien, Plutarque, Tacite, et un grand nombre d'autres.

THOMPSON. Notice, XXVII, 412. — Jugements, par Blair, 414; par Delille, 416. — Morceaux choisis, 418.

THOU (DE). Notice, XXVII, 426. — Jugements, par Patin, 430; par Marmontel, XIX, 104.

THRASYMAQUE, de Chalcédoine, orateur grec, — Ce qu'en pensait Cicéron, X, 310.

THUCYDIDE. Notice par Rollin, XXVII, 438. — Jugements, par La Harpe, 442; par de Sainte-Croix, 443; par Daunou, 444, par Marmontel, XV, 129 et suiv.; XV, 259.

TIBULLE. Notice, XXVII, 448. — Jugement par La Harpe, avec un morceau choisi traduit par le même, 449. — Le même morceau choisi (traduction de Loyson),455. — Comparé à Ovide et à Properce par Marmontel, XII. 215.

TIEDMAN, helléniste et philosophe allemand, à qui nous devons un excellent *Commentaire sur Platon*, et l'*Essai sur l'origine des langues*, naquit en 1747, et mourut en 1803.

TILLEMONT (Louis-Sébastien DE NAIN de), né à Paris en 1637, y mourut en 1698. — Mérite de son *Histoire ecclésiastique*, XV, 278.

TILLOTSON. Notice, XXVIII, 1. — Jugements, par Blair, 2; par Maury, 3.

TIMÉE DE LOCRES, célèbre philosophe, né à Locres en Italie, eut pour maître Pythagore. Il reste de lui un *Traité de la Nature et de l'Ame du Monde*, écrit en dialecte dorique. On le trouve dans les œuvres de Platon auquel ce traité donna l'idée de son *Timée*. Boyer d'Argens l'a traduit en français, avec des notes, 1703, in-12.

TISSOT (Pierre-François), ancien professeur de poésie latine au Collège-Royal de France, né à Versailles le 10 mai 1768, a publié entre autres ouvrages: *Églogues* de Virgile, traduites en vers français, accompagnées de la traduction en vers de plusieurs morceaux de Théocrite, Mochus et Bion, et de l'*Épisode de Nisus et Eurymale*, 1800, troisième édition, 1812; *les Baisers*, élégies de Jean-Second, avec le texte latin, in-12, 1806. M. Tissot a inséré un grand nombre d'articles de littérature dans divers recueils.

TITE-LIVE. Notice par Rollin, XXVIII, 5. — Jugements, par La Harpe, 9; par Rollin, 12; par Marmontel, XV, 129 et suiv.; 259 et suiv. — Morceaux choisis, XXVIII, 17.

TON, par Marmontel, XXVII, 36.

TORCY, ministre de Louis XIV, a laissé des *Mémoires* intéressants, par La Harpe, 115. — Appréciés par Marmontel, XIX, 106.

TOURREIL (JACQUES DE), membre de l'Académie-Française et de celle des Belles-Lettres, né à Toulouse en 1656, mort à Paris en 1714, a donné une traduction française de plusieurs harangues de Démosthène, imprimée avec ses autres ouvrages en 1721, in-4., et en 4 vol. in-12. — Cité par Marmontel, XXVIII, 50.

TOUSSAINT (FRANÇOIS-VINCENT), natif de Paris, mourut à Berlin en 1772, à l'âge de cinquante-sept ans. Il donna en 1748 son livre des *Mœurs*, in-12; les traductions des *Fables* de Geller, du *Petit Pompée*; des *Aventures de Williams-Pickle*, 4 vol. in-12; et de *l'Histoire des Passions*. Il a fourni à l'*Encyclopédie* les art. de jurisprudence des deux premiers volumes.

TRADUCTION, par Marmontel, XXVIII, 44.

TRAGÉDIE, par Marmontel, XXVIII, 55.

TRESSAN (LOUIS-ÉLISABETH DE LA VERGNE, comte DE), né au Mans en 1705, mort à Paris en 1783, a donné entr'autres ouvrages, une traduction de l'Arioste, et des *Extraits des romans de chevalerie*. On a publié ses *OEuvres choisies* en 12 vol. in-8.—Cité par La Harpe, XXVIII, 55.

TRISMÉGISTE, ou plutôt HERMÈS TRISMÉGISTE. Le *Thoth* des Égyptiens que les Grecs ont nommé Hermès, à cause de l'analogie qu'ils lui ont trouvée avec leur divinité de ce nom, est regardé comme le père de toute science, de tout savoir. Cicéron parle de cinq Hermès, dont trois grecs et deux égyptiens. Le premier de ceux-ci, fils de Mizraïm, était regardé comme l'inventeur de l'alphabet; le second fut l'ami et le conseil d'Osiris, et l'auteur de la plupart des sciences, le législateur de l'Égypte, et son bienfaiteur par l'introduction de la culture de l'olivier. C'est lui qui établit l'année civile de 365 jours, tandis qu'auparavant les Égyptiens avaient une année de 360 jours. Ces inventions lui méritèrent l'épithète de *Trismégiste* ou de trois fois grand.

Pour en conserver le souvenir, il les fit graver, dit-on, sur des colonnes de granit. Pythagore et Platon doivent avoir appris une partie de leurs sciences par ces monuments. A l'exemple du maître, les prêtres égyptiens gravèrent leurs observations astronomiques sur des tables de pierre.

Outre ces colonnes, l'antiquité attribuait à Hermès un grand nombre de livres. Jamblique le porte à vingt mille, Manethon à trente-six mille cinq cent vingt-cinq. Saint Clément d'Alexandrie réduit à quarante-deux le nombre des livres essentiels d'Hermès, dont trente-six traitaient de la religion et six de la médecine, et, ce qui est remarquable, M. Jomard, en décrivant un relief du temple d'Edfou, l'Apollinopolis magna des Anciens, parle d'une représentation d'Hermès, traçant des hiéroglyphes : sa main a achevé la quarante-deuxième colonne.

Il reste quelques-uns de ces prétendus livres d'Hermès, ou plutôt des païens convertis au christianisme, des gnostiques et des néo-platoniciens en ont fabriqué quelques-uns sous le nom de cet être fabuleux.

Le plus célèbre de ces ouvrages est intitulé *Pœman-*

der, ou *De la Nature des Choses et de la Création du Monde*, en forme de dialogue. Il est aussi cité sous le titre suivant : *De la Puissance et de la Sagesse divines*.

Un second ouvrage est intitulé *Asclépius* ; c'est un dialogue entre Hermès et son disciple, s'occupant de Dieu, de l'homme et de l'univers. Il porte aussi le titre de *Verbe parfait*; mais il n'existe plus que dans une traduction latine que quelques critiques attribuent à *Apulée*.

Le troisième porte le titre suivant : *Iatromathématiques, ou Moyens de présager l'issue des maladies par les mathématiques* (c'est-à-dire par l'état des planètes), adressées à Ammon l'Égyptien. Comme Julius Firmicus, grand admirateur de l'astrologie égyptienne, et qui parle d'Hermès, ne fait pas mention de cette production, on peut en inférer avec quelque probabilité qu'elle n'existait pas l'an 340 de J.-C., époque où Firmicus a écrit.

Nous n'avons pas de texte grec du traité *De revolutionibus Nativitatum*, en deux livres, également attribué à Hermès. On y apprend la manière de tirer les horoscopes après chaque année. Quelques phrases de cet ouvrage paraissent indiquer qu'il est plutôt traduit de l'arabe que du grec.

On n'a également qu'en latin les *Aphorismes* d'Hermès. Ce sont des sentences ou propositions astrologiques, traduites de l'arabe, du temps de Mainfroi, roi de Sicile. On les cite aussi sous le titre de *Centiloquium*.

Cyranides est le titre d'un ouvrage attribué à Hermès. On n'est rien moins que d'accord sur la signification de ce titre. Quelques auteurs ont dérivé le mot de *cyranides* de l'arabe; ils le traduisent par mélanges; d'autres prétendent qu'il est grec et qu'on s'en sert en astrologie pour exprimer la *puissance* des astres. Quoi qu'il en soit, les *Cyranides* d'Hermès traitent des vertus magiques et médicales des pierres précieuses, des plantes et des animaux, savoir : dans le premier livre ou la première cyranide (car c'est ainsi que l'ouvrage est distribué) de celles de vingt-quatre plantes, et d'autant d'oiseaux, de poissons et de pierres, dont les vertus sont comparées entre elles; la seconde cyranide fait connaître les vertus des animaux en général; la troisième, celles des oiseaux; la quatrième, celles des poissons en particulier. Le texte grec de cet ouvrage existe dans quelques bibliothèques, nommément dans celle de Madrid; mais il n'est connu du public qu'en latin.

Tels sont les ouvrages astrologiques qui portent le nom d'Hermès; mais on le fait aussi passer pour l'auteur de quelques ouvrages de chimie, ou plutôt d'alchimie, dont voici les titres :

Traité chimique en sept chapitres, sur le secret de produire la pierre philosophale. Cet ouvrage est cité parmi les adeptes sous la dénomination pompeuse des *Sept sceaux d'Hermès Trismégiste.*

Table d'Émeraude. Sous ce titre est connue la recette d'Hermès pour faire de l'or. C'est Saraï, femme d'Abraham, qui, d'après les adeptes, a trouvé la Table d'Émeraude dans le tombeau d'Hermès, sur le mont Hébron.

Les deux ouvrages dont nous venons de parler n'existent qu'en latin. Un troisième, intitulé: *Teintures chimiques*, se trouve, dit-on, en manuscrit dans quelques bibliothèques.

Enfin il existe en arabe un *Traité* d'Hermès *sur les Pierres précieuses*.

Jean Stobé a conservé les fragments des cinq ouvrages suivants d'Hermès : 1° *A son fils*, ou *à Tat*, ou *à Asclepius*, car sans doute ces trois titres ne désignent qu'un seul ouvrage; 2° *Sur l'Économie universelle*, livre adressé à *Ammon*; 3° *la Vierge du monde*. C'est Isis qui est nommée ainsi. Cet ouvrage est un dialogue entre Isis et son fils Horus sur l'origine du monde; 4° *Vénus*. Il paraît qu'il s'agissait dans cet ouvrage de la génération; 5° *Du Destin*, en hexamètres.

Schoell, *Histoire de la Littérature grecque.*

TRISSIN. Notice, XXVIII, 110. — Apprécié par La Harpe, XVII, 450.

TRISTAN, surnommé l'*Ermite*, né en 1601, mort en 1655, a laissé 3 vol. in-4° *de vers français*; *le Page disgracié*, roman, 1643, in-8°; et plusieurs pièces de théâtre, *Marianne, Panthée, la Mort de Sénèque*, et *la Mort du grand Osman*. — Apprécié par La Harpe, XXIX, 56.

TROGUE-POMPÉE, historien latin, contemporain d'Auguste, avait fait une *Histoire universelle* en 44 livres, dont Justin nous a donné l'abrégé.

TROGNON, ancien professeur de rhétorique et d'histoire au Collège Royal de Louis-le-Grand, V, 340.

TRUBLET (N.-C.-J.), de l'Académie-Française et de celle de Berlin, trésorier de l'église de Nantes et ensuite archidiacre de Saint-Malo, naquit dans cette ville en 1697, et y mourut en 1770. Ses principaux ouvrages sont *Essais de Littérature et de Morale*, 4 vol. in-12, plusieurs fois réimprimés et traduits en plusieurs langues; *Panégyrique des Saints*, précédé de *Réflexions sur l'Éloquence*; *Mémoires pour servir à l'His-*

toire de MM. de La Motte et de Fontenelle, Amsterdam, 1761, in-12.

TURPIN (F.-H.), né en 1709, mort en 1799, a donné entr'autres ouvrages : *Histoire universelle*, 1770, 4 vol. in-12; *Histoire de l'Alcoran*, 1775, 2 vol. in-12; *la France illustre*, ou *le Plutarque français*.

TUTOIEMENT. Par Marmontel, XXVIII, 111.

TYRTÉE. Le nom de Tyrtée retentit assez souvent dans nos cours de littérature; mais je ne me rappelle pas avoir lu en français aucune notice satisfaisante sur la vie et les écrits de ce poète guerrier. Essayons de remplir cette lacune.

Pausanias, auteur un peu crédule, et d'ailleurs postérieur de huit siècles à Tyrtée, a le premier défiguré l'histoire de ce poète, et n'a trouvé que trop d'échos. Les Lacédémoniens, dit-on, désespérant de vaincre les Messéniens, consultèrent l'oracle de Delphes, qui leur ordonna de demander un général aux Athéniens. Soit jalousie, soit malignité, les Athéniens envoyèrent à Sparte un maître d'école boiteux, louche, et qui passait pour un esprit très médiocre. Cependant, ô prodige ! Ce maître d'école déploie tout à coup les talents d'un grand poète, et animés par ses chants, les Lacédémoniens remportent une victoire signalée [*].

Cette tradition, répétée par Justin [**] et quelques autres compilateurs [***], porte dans plusieurs circonstances le sceau manifeste de la fausseté. A l'époque des guerres de Messénie, aucun motif de jalousie politique ne divisait les Athéniens et les Spartiates. Les premiers

[*] *Pausan.*, IV, p. 316, édit. Kuhn.
[**] Hist., III, 5, 4.
[***] *Orosius*, Suidas, etc.

n'avaient pas encore acquis cette réputation de légèreté et de malignité qui long-temps après devint inséparable de leur nom. L'esprit religieux du siècle n'eût pas permis de tourner en plaisanterie les avis d'un oracle. Y avait-il d'ailleurs, dans ce temps, des maîtres d'école ? Enfin, un génie aussi éminent que celui de Tyrtée, pourrait-il rester entièrement méconnu dans Athènes ?

Quelques passages isolés des Anciens nous fournissent, par leur rapprochement, des notions plus justes. Les Lacédémoniens, affaiblis par la discorde civile, consultèrent l'oracle de Delphes qui leur donna le conseil salutaire de se choisir momentanément un étranger pour chef suprême, pour guide de leurs opérations. Le mot ἡγέμων se prête à ce sens. Les rois de Sparte conservèrent sans doute leur droit héréditaire et sacré, de commander en personne les armées ; mais Tyrtée devint l'âme de leur conseil. Ce poëte, ou plutôt ce sage, appaisa les murmures des factions irritées en leur rappelant les éternels principes de l'ordre social, les avantages de la concorde et les dangers où s'expose une nation divisée. D'après l'usage de ces siècles héroïques, il rédigea ses conseils, ses maximes, dans une forme poétique ; c'est ce que plusieurs législateurs avaient fait avant lui. Solon avait adressé aux Athéniens un discours en vers pour les engager à reconquérir Salamine. Le titre du poème politique ou législatif de Tyrtée était Εὐνομία, c'est-à-dire *le bon ordre*[*]. Strabon nous en a conservé quelques vers insignifiants, mais qui prouvent qu'ils étaient écrits en mètre élégiaque[**].

---

[*] *Aristot.*, Polit., V, 7.
[**] Géogr., VIII, p. 362, édit. Almel.

Après avoir calmé les esprits mécontents, Tyrtée encouragea les âmes abattues par les revers; pendant la marche ou au moment du combat, il faisait entonner à l'armée lacédémonienne des hymnes guerrières dont il nous reste de fragments considérables.

Le premier nous a été conservé par l'orateur athénien Lycurgue *. En voici une imitation que nous n'avons pas eu le temps de finir :

> Aux premiers rangs qu'il est beau de mourir,
> En défendant sa patrie alarmée !
> Ce n'est que là qu'un brave aime à périr.
> Fuis, lâche, fuis; tends la main désarmée
> Pour recevoir un secours odieux.
> Entraîne loin du toit de tes aïeux
> Et ton épouse, amour de ta jeunesse,
> Et tes parents, accablés de vieillesse,
> Et tes enfants, qui rougiront de toi.
> De ville en ville erre, proscrit, infâme;
> Traîne partout ta honte et ton effroi :
> L'honneur n'a plus d'empire sur ton âme.
> Mourons plutôt que d'éprouver ce sort !
> Allons combattre en phalanges serrées
> Pour ces berceaux, pour ces tombes sacrées,
> Pour nos foyers ! Ne craignons pas la mort;
> Craignons la honte ! Eh ! faut-il que ton père,
> D'un faible bras levant le bouclier,
> Couvre ta peur, jeune et lâche guerrier ?
> Vois ce vieillard dont le bras tutélaire
> Défend encor son pays, ses enfans.
> En vain courbé sous le fardeau des ans,
> Il marche, il vole, et son œil intrépide
> Lance des feux; mais d'un fer homicide
> Il est atteint, il tombe au premier rang;
> Ses cheveux gris sont inondés de sang,
> Et de ses mains il couvre sa blessure.

* Lycurg., *Orat contrà Leocrat.*, XXVII.

> C'était à toi qu'ordonnait la nature,
> Jeune guerrier, de t'immoler pour lui, etc.
>
> . . . .

Il est possible que ce fragment soit formé de deux ou même de trois citations, qui peut-être n'appartenaient pas à la même élégie. Il en est de même du deuxième morceau attribué à Tyrtée. L'identité du sujet permet sans doute de le considérer comme un ensemble, mais si l'on suppose à l'auteur une marche tant soit peu poétique, il faut croire que la fin nous manque. Voici une imitation du commencement :

> Sommes-nous plus les fils de l'invincible Alcide ?
> De ses remparts chéris, de son peuple intrépide,
> Jupiter en courroux détourne-t-il les yeux ?
>   Non, Sparte, non ! Messène, dans sa rage,
>   Inonde en vain la plage
>   De ses drapeaux victorieux.
>   Aux saintes lois Sparte asservie,
> Au prix du déshonneur ne vent point de la vie.
> Nous savons supporter l'un et l'autre destin ;
>   Et les déesses du carnage,
>   Marchant dans un sombre nuage,
> Nous plaisent à l'égal des clartés du matin......

La troisième élégie nous a probablement été conservée en totalité. On la trouve ainsi que la deuxième chez Jean Stobée [*]. C'est un éloge général de la bravoure.

Ces restes, peu nombreux, suffisent pour caractériser la muse de Tyrtée. Les chants de ce poète étaient des hymnes patriotiques où l'expression du courage le plus exalté se trouve accompagnée de détails minutieux, mais pittoresques, relatifs à la manœuvre des armes

---

[*] Stob., *Serm.*, XLVIII et XLIX.

alors en usage. On conçoit que ce chantre, inspiré par la vertu guerrière, a pu mériter aux yeux même du sage Platon, le surnom de *Divin**, et qu'il a pu être placé par un Horace, un Quintilien, immédiatement au-dessous d'Homère**. On sent qu'un roi patriote tel que Léonidas, devait admirer les chants propres à enflammer d'un feu plus dévorant les jeunes guerriers de Lacédémone***. Mais comment ces poésies, remplies de sentiments héroïques, d'images austères et terribles, ont-elles pu mériter le nom d'*Élégies*, ce nom réservé aujourd'hui à des pièces de vers qui respirent la tendresse et même la noblesse? Cette question se résout par l'examen historique des diverses acceptions qu'a eues le mot *élégie* chez les Grecs.

Le genre de mètre composé d'un vers hexamètre et d'un vers pentamètre, et qui porte aujourd'hui le nom de mètre élégiaque, doit son origine au mélange de deux modes de musique, ou, si l'on veut, de deux tons de la flûte lydienne, adoptée par les Grecs d'Ionie; le *majeur* était représenté par l'hexamètre, le *mineur* par le pentamètre. La marche grave et soutenue de l'hexamètre, la marche vive, mais inégale, du pentamètre, s'alliaient aux deux tons de la flûte lydienne. Ce nouveau genre de vers s'appliquait indistinctement à toutes sortes de sujets. Le sage Solon, Tyrtée, Callinus et autres s'en sont servi pour des poèmes politiques, parmi lesquels les chants guerriers étaient naturellement compris. C'était une époque bien intéressante que ce siècle reculé où la poésie était l'organe des législateurs et des généraux : où le patriotisme, circonscrit

---

* Plat., *De legib.*, I, p. 628, et II, 858, édit. Steph.
** Horat., *Arte poeticâ*, v. 401.
*** Plut., *Vita Leonidæ*.

dans l'enceinte d'un canton, d'une ville, n'en avait que plus d'énergie ; où les Alcée, maniant tour à tour la lyre et le glaive, chantaient le vin et la beauté au sortir des combats; où la tendre, l'ingénieuse Sapho mêlait au chant de ces poètes guerriers les accents les plus mélodieux, les plus passionnés que l'amour ait jamais inspirés. A cette époque antérieure de six à sept cents ans à la naissance de J.-C., d'autres poètes, tels que Phocylide et Théognis, composèrent en hexamètres et pentamètres quelques poèmes moraux, ou plutôt quelques recueils de sentences dont nous ne sommes pas sûrs de posséder des fragments authentiques. Enfin Simonide ayant consacré ce genre de mètre aux chants funèbres dans lesquels on répétait souvent le refrain obligé *élélé*, les pièces composées dans ce mètre reçurent le nom général d'*élégie*. Un poète très vanté par les Anciens, mais dont il ne nous reste que peu de lignes, Mimmerme de Colophon employa le premier les vers élégiaques à peindre les craintes, les espérances et les tourments de l'amour, et, en général, ces sentiments mixtes de douleur et de plaisir qui n'admettent pas la vivacité, l'inspiration de l'ode ou du chant lyrique. Mimmerme eut pour disciples Callimaque et Philétas parmi les Grecs, Tibulle et Properce parmi les Romains [*]. C'est par une semblable suite de métamorphoses que la plupart des termes techniques de la littéture ont reçu le sens dans lequel ils figurent actuellement ; fait incontestable qui nous autorise à ne pas nous soumettre aveuglément aux théories routinières,

---

[*] Bottiger, *Dissert sur l'Élégie*, dans le *Muséum attique* de Wieland, de 1786, premier volume, deuxième cahier. Comparez Schneider, *Dissertat. sur l'Élégie des Grecs* dans les *Études littéraires*, Heidelberg, 1808, quatrieme volume.

fondées uniquement sur la pratique, et qui ont besoin d'être éprouvées dans le creuset de l'érudition et de la philosophie. Combien de professeurs, de rhéteurs, de critiques, ont hardiment écrit des volumes de règles et de préceptes sur l'élégie, sans daigner faire attention aux sens divers dans lesquels le mot a été pris!

Les élégies de Tyrtée, quelque estimées qu'elles fussent, différaient pourtant de ses chants de guerre proprement dit : ceux-ci portaient le nom d'ἐμβατήρια, c'est-à-dire chants pour marcher en avant. Ils étaient d'une extrême simplicité et composés de vers anapestiques, genre de vers qui, dans toutes les langues, marque un sentiment d'exaltation. La fameuse mélodie de l'*Hymne des Marseillais* doit sa beauté musicale aux mesures anapestiques dont elle est remplie. Les ἐμβατήρια, que l'on nommait aussi ἐνόπλια, étaient accompagnés d'une musique guerrière composée uniquement de flûtes ou de fifres. Les diverses mélodies de ce genre étaient consacrées par les lois et par le souvenir des victoires qu'elles avaient aidé à remporter. Ce fut pour conserver à ces mélodies extrêmement simples leur ancienne réputation que les Spartiates proscrivirent avec tant de sévérité tout nouveau système de musique.

Parmi les chants de guerre attribués à Tyrtée, nous citerons le chœur suivant, qui, selon d'autres, a Lycurgue lui-même pour auteur :

LES VIEILLARDS.

« Jeunes gens, nous avons été de vaillants guer-
« riers.

LES HOMMES FAITS.

« Nous sommes de vaillants guerriers. L'ennemi le
« connaîtra par nos coups.

LES ENFANTS.

« Armez-nous, nos pères! nous serons plus vail-
« lants que vous! »

Ces chœurs sont d'une extrême simplicité ; mais quel devait en être l'effet lorsqu'un peuple entier les chantait avec l'accent du plus vif enthousiasme?

Malte-Brun.

U

UNITÉ, par Marmontel, XXVIII, 117.
USAGE, par Marmontel, XXVIII, 139.

V

VADÉ. Notice par Laugier, XXVIII, 166.
VALÈRE-MAXIME. Notice, XXVIII, 168.
VALERIUS ANTIAS, historien des premiers âges de Rome, dont il ne nous reste rien, X, 434.
VALERIUS FLACCUS. Notice, XXVIII, 169.
VALOIS (Adrien de), historiographe de France, mort en 1692, a laissé entr'autres ouvrages, *Gesta Francorum*, 1658, 3 vol. in-fol. — Cité par La Harpe, XV, 276.
VALTERIE (LA), est bien loin du mérite de Saint-Évremont, XXV, 349.
VAN-DALE (Antoine), savant critique, né en 1633, mort en 1708, a donné des *Dissertations sur les Oracles des Païens*, 1700, in-4, et un traité *Des Oracles*, ouvrage qui a été réfuté par Moëbius. — Cité par La Harpe, XIV, 164.
VANDERBOURG (Charles Boudens de), membre de l'Académie des Inscriptions et Belles-Lettres, a pu-

blié et retouché les *Poésies* de Clotilde de Vallon-Sur-ville. On lui doit aussi une traduction estimée des *Odes* d'Horace. — Cité, XXVII, 196 et 198.

VAN-PRAET (Joseph-Basile-Bernard), chevalier de la Légion-d'Honneur, membre de plusieurs Académies et Sociétés savantes, conservateur de la Bibliothèque du roi, est né à Bruges en 1757. Ce littérateur, aussi modeste qu'obligeant, a publié divers ouvrages qui attestent une grande érudition en bibliographie.

VANIÈRE. Notice, XXVIII, 171.

VARILLAS, historien français, né en 1624, mort en 1696. On lui doit une *Histoire de France*, 15 vol. in-4; une *Histoire des Révolutions arrivées en Europe en matière de Religion*, 1690, 12 vol. in-12.

« Je suis bien éloigné, dit Huet, du jugement que le public a fait des *Histoires* de Varillas, non pas que j'approuve la liberté qu'il s'est donnée de proposer ses idées pour des faits constants. Ce n'est pas écrire ni rapporter l'histoire, c'est la composer et l'inventer. La loi de l'histoire lui permettait de proposer ses soupçons comme des soupçons, mais non comme des vérités certaines. Le public se récria avec indignation et avec justice contre une telle licence, et on ne tarda pas à l'en faire repentir, en lui mettant devant les yeux les erreurs grossières où la témérité de ses conjectures l'avait fait tomber. Il se corrigea de sa hardiesse dans les ouvrages suivants, et n'avança rien sans donner de bons garants. Mais après tout, de tous ceux qui se sont mêlés d'écrire notre histoire, aucun ne l'a creusée que lui. La diligence et la constance qu'il a apportées à cette étude ne sont pas croyables. Il ne s'est pas contenté de lire avec application toutes les histoires, tous les mémoires, toutes les relations que l'impression a rendues publiques. Il a feuilleté tous les anciens documents dont il a pu avoir la communication. Il a porté sa curiosité dans les histoires des peuples et des temps voisins de ceux qu'il voulait illustrer. Aussi n'y a-t-il point d'historien de notre nation où il y ait tant à apprendre que dans celui-là. D'ailleurs il est surprenant qu'un homme de cette sorte, qui a passé sa vie dans les galetas et dans la plus épaisse crasse de l'Université, ait pu acquérir tant de connaissance des pratiques de la guerre, des usages de la cour, du style des négociations, et de la conduite des affaires publiques. Quoique son langage ne soit pas d'une exacte pureté, son style est noble, élevé et vraiment historique, si vous le purgez seulement de quelques tours qui lui sont familiers, et dont la répétition trop fréquente lasse le lecteur. Il a embrassé tant de matières, que, faute de mémoire, ou peut-être d'exactitude, il est tombé dans quelques contradictions. Mais on est amplement dédommagé de ces pertes par l'abondance des nouveautés qu'il présente à son lecteur. »

VARRON (Marcus-Terentius), né l'an 118 avant J.-C., mort l'an 29 avant J.-C. Il nous reste de lui : *De Linguâ latinâ, ac Verborum*, etc., Biponti, 1788, 2 vol. in-8; *De Re rusticâ*, Venise, 1472, in-fol., traduit par Saboureux de La Bonneterie, Paris, 1771, in-8.

« Sur ce que les Anciens, et Cicéron en particulier, ont dit du savoir de Varron et de son grand ouvrage *Des Antiquités romaines,* qui ne nous est pas parvenu, il avait fait à peu près pour Rome ce qu'avait fait Pausanias pour la Grèce. C'était un homme d'une érudition immense, mais dont on a loué le jugement et les connaissances beaucoup plus que le style et le talent. Il ne nous reste qu'un *Traité sur la Langue latine*, qui n'a pas peu servi à éclairer les philologues modernes, et un autre *sur l'Agriculture*, beaucoup moins estimé pour la diction que celui de Columelle. » (La Harpe, *Cours de Littérature*.)

VAUGELAS (Claude FAVRE, seigneur de), membre de l'Académie-Française, naquit à Bourg en Bresse, ou, selon quelques-uns, à Chambéry.

« Le jeune Vaugelas, dit Feller, vint à la cour de bonne heure. Il fut gentilhomme ordinaire, puis chambellan de Gaston, duc d'Orléans, qu'il suivit dans toutes ses retraites hors du royaume. Il mourut pauvre en 1650, à quatre-vingt-quinze ans. On peut être surpris que Vaugelas, estimé à la cour, réglé dans sa dépense, et n'ayant rien négligé pour sa fortune, soit presque mort dans la misère ; mais les courses de Gaston, et d'autres accidents, avaient fort dérangé ses affaires. Louis XIII lui donna une pension de 2,000 liv. en 1619. Cette pension, qu'on ne lui payait plus, fut rétablie par le cardinal Richelieu, afin de l'engager à travailler au *Dictionnaire de l'Académie*. Lorsqu'il alla le remercier de cette grace, Richelieu lui dit en riant : *Vous n'oublierez pas, du moins, dans votre Dictionnaire le mot de* pension. — *Non, Monseigneur*, répondit Vaugelas, *et encore moins celui de* reconnaissance.... Ce littérateur était un des académiciens les plus aimables, comme les plus illustres ; il avait une figure agréable, et l'esprit comme sa figure. Vaugelas étudia toute sa vie la langue française, et travailla à l'épurer. Sa traduction de Quinte-Curce, imprimée en 1647, in-4, fut le fruit d'un travail de trente années. Cette version, de laquelle Balzac disait dans son style emphatique : *L'Alexandre de Quinte-Curce est invincible, et celui de Vaugelas est inimitable*, passe pour le premier bon livre écrit correctement en français. Malgré la mobilité et l'inconsistance de la langue française, il y a peu d'expressions qui aient vieilli. Vaugelas ne rendit pas moins de services par ses *Remarques sur la Langue française*, dont la première édition est in-4; ouvrage moins nécessaire qu'autrefois, parce que la plupart des doutes qu'il propose ne sont plus des doutes aujourd'hui, mais ouvrage toujours utile, sur-tout si on le lit avec les remarques dont Thomas Corneille et d'autres l'ont enrichi, en 3 vol. in-12. »

VAUVENARGUES. Notice par Suard, XXVIII, 172. — Jugements, par le même, 178; par Charles de Saint-Maurice, 181; par La Harpe, 183; par Marmontel, à la fin de l'art. PASTICHE.

VÉGÈCE (FLAVIUS VEGETIUS RENATUS), vivait dans le IVe siècle, du temps de l'empereur Valentinien. On a de lui: un *Epitome Rei militaris*, traduit en français par Bourdon de Sigrais, sous le titre d'*Institutions militaires de Végèce*, 1759, in-12. Bongars en a donné une nouvelle traduction, en 1772, in-12. On doit au comte Turpin un bon *Commentaire sur les Institutions militaires de Végèce*, Paris, 1783, 2 vol. in-8. Son *Ars veterinaria* a été traduit par Saboureux de La Bonneterie, Paris, 1775, in-8.

VELLEIUS PATERCULUS. Notice et jugement, avec quelques citations, par Rollin, XXVIII, 199.

VELLY (P.-F.), né près de Frismes en Champagne, mort à Paris en 1759, à l'âge de quarante-huit ans, a donné les six premiers volumes d'une *Histoire de France depuis l'établissement de la Monarchie*, qui a été continuée par Villaret et Garnier, Paris 1770 à 1789, 151 vol. in-4 et 3 vol. in-12.

VERGIER. Notice, XXVIII, 207. — Jugement par La Harpe, 208.

VÉRITÉ RELATIVE, par Marmontel, XXVIII, 214.

VERS, par Marmontel, XXVIII 220.

VERTOT. Notice par de Brotone, XXVIII, 247. — Jugements, par de Boze, 253; par La Harpe, 255; par Palissot, 256. — Morceaux choisis, 257.

VEISSIER-DESCOMBES, professeur au Collège royal de Henri IV, né à Sisteron (Basses-Alpes), en 1791, a donné pendant l'impression de notre *Répertoire* une traduction en vers français d'Anacréon, 1 vol. in-32, velin, texte en regard.

VIDA. Notice, XXVIII, 272. — Apprécié par La Harpe, XVII, 447. — Pendant l'impression de cet ouvrage, la *Christiade* de Vida a été traduite pour la première fois en français par un desservant d'une succursale de Paris, 1 vol. in-8, 1826.

VIENNET (JEAN-PONCE-GUILLAUME), membre de l'Académie-Française, chevalier de la Légion-d'Honneur, né à Béziers, en 1777, a publié des *Essais de Poésie et d'Éloquence*, 1814, in-8, et plusieurs *Épîtres* très estimées. — *Voy.* dans le *Répertoire* son *Épître aux Muses sur les Romantiques*, XXIV, 342.

VILLARS (LOUIS-HECTOR, duc DE), né à Moulins en 1653, mourut à Turin en 1734. On a imprimé ses *Mémoires* en 3 vol. in-12. — Apprécié par Marmontel, XIX, 106.

VILLEMAIN. Notice, XXVIII, 274. Jugement par Léon Thiessé, 277. — Morceaux choisis, 279.

VILLEROY (DE). Ses *Mémoires sur l'Histoire de France* sont précieux, XIX, 115.

VILLON * (François CORBUEIL surnommé), né à Paris en 1431, mort vers la fin du XVe siècle, a laissé : *le Petit Testament*, 1456; *le Grand Testament*, 1461 ; *le Jargon*; *les Repues Franches*, et deux *Scènes Comiques* fort courtes. Les ouvrages de Villon furent en si grande réputation, que François Ier chargea Clément Marot d'en publier une édition en 1533. Les vers de Villon sont généralement bien tournés, la rime en est riche. Son style est plus vif, plus fécond en saillies que celui de Charles d'Orléans. La Fontaine, qui avait beaucoup lu les ouvrages de Villon, en a quelquefois profité. Patru a observé dans ses *Remarques sur Vaugelas*, que « Villon pour la langue a eu le goût « aussi fin qu'on pouvait l'avoir en ce siècle. » Clément Marot a dit de ce poète :

> Peu de Villons en bon savoir ;
> Trop de Villons pour décevoir.

et Boileau :

> Villon sut le premier, dans ces siècles grossiers,
> Débrouiller l'art confus de nos vieux romanciers.

VIRGILE. Notice par Rollin, XXVIII, 282. — Jugements, par Blair, 289; par la Harpe, 298; par Delille, 306; par Chateaubriand (parallèle de Virgile et de Racine), 309; par Marmontel, XIV, 382.—Morceaux choisis (traduction de Delille), XXVIII, 311. —Pendant l'impression de notre *Répertoire* il a paru trois traductions françaises de l'*Énéide*, l'une en prose mesurée, par Durand, l'autre en prose poétique, aussi élégante que fidèle par feu de Guerle, et la dernière en vers par Duchemin, 2 vol. in-8, 1826.

* *Villon*, vieux mot qui signifiait *fripon*. Épithète que ce poète mérita par ses escroqueries.

VISÉ (Jean DONNEAU sieur de), poète français, né en 1640 à Paris, où il mourut en 1710, est auteur de quelques comédies et du journal intitulé *le Mercure Galant*.

VITRUVE (Marcus VITRUVIUS POLLIO), né à Formie, a laissé un *Traité d'Architecture*, dont la meilleure édition est celle d'Amsterdam, 1649, in-fol. Cet ouvrage a été traduit en français par Perrault, Paris, 1784, in-fol. « Vitruve, dit La Harpe, a non-seule-
« ment le mérite de l'élégance dans ce qu'il nous a
« laissé sur l'architecture, mais il pense et s'exprime
« sur les arts en homme qui en a senti la dignité, et
« qui a réfléchi sur les principes du beau en tous
« genres. »

VOISENON. Notice, XXVIII, 328.—Jugement par La Harpe, *ibid*.

VOITURE. Notice, XXVIII, 331. — Jugements, par La Harpe, 338; par Marmontel, I, 115 et suiv.; XVI, 39.—Morceau choisi, XXVIII, 339.

VOLNEY. Notice par Taviaud, XXVIII, 341.

VOLTAIRE. Notice par Favier, XXVIII, 344. — Examen des poèmes de Voltaire par La Harpe, 365; idée générale de *la Henriade, ibid.*; des beautés poétiques de *la Henriade*, 382; des critiques dirigées contre *la Henriade*, 467 (le jugement de Chateaubriand sur *la Henriade* se trouve en note à la fin de cette section); le poème de *Fontenoi*, le poème de *la Loi naturelle*, *la Pucelle*, *la Guerre de Genève*, 504. — Examen des tragédies de Voltaire, XXIX, 1; *OEdipe, ibid.*; *Marianne*, 45; *Brutus*, 87; *Zaïre*, 129; *Adelaïde*, 230; *la Mort de César*, 275; *Alzire*, 313; *Zulime et Mahomet*, 355; *Mérope*, 398; *Sémiramis*, 454; parallèle d'*Électre* et d'*Oreste*, XXX, 1; *Oreste*,

47; *Rome Sauvée*, 108; *l'Orphelin de la Chine*, 148; *Tancrède*, 192; *Olympie* et autres pièces, 234. — Comédies, 277; de Voltaire, dans le grand opéra, la comédie héroïque et l'opéra comique, 292. —Des *Odes*, 335. — Du discours en vers et de l'épître, 340. — *Romans*, 377. — Apprécié par Marmontel, XII, 411; XIV, 431, etc.

VRAISEMBLANCE, par Marmontel, XXX, 378.

W

WAILLY (Étienne-Auguste de), fils du grammairien de ce nom, né en 1770, mort en 1823, est surtout connu par la traduction en vers français des trois premiers livres des *Odes* d'Horace.—*Voy.* IV, 357, la traduction en vers français du *Cantique* des Juifs à leur délivrance de Babylone.

WALCKENAER (Charles-Athanase), membre de l'Académie des Inscriptions, est né à Paris le 25 décembre 1771. On a de lui plusieurs ouvrages et savants *Mémoires* relatifs à l'histoire naturelle et à la géographie ; un grand nombre d'articles dans la *Biographie universelle*, et un *Essai* très estimé sur la vie et les ouvrages de La Fontaine. Il publie en ce moment l'*Histoire générale des Voyages*, 50 à 60 vol. in-8. — *Voy.* dans le *Répertoire* son jugement sur Cornélius Népos.

WALPOLE (Horace), mort en 1797, a donné entre autres ouvrages : *Catalogue d'Auteurs nobles et célèbres; le Château d'Otrante*, roman ; *la Mère mystérieuse*, tragédie. On a recueilli ses œuvres en 5 vol. in-4. — Walter-Scott lui a consacré un article dans sa *Biographie des Romanciers célèbres*.

WALTER-SCOTT. Notice par Taviand, XXX, 407. —Jugement par Hoffman, 415.

WARBURTON. Notice, XXX, 443.

WEISS (Charles), savant bibliographe, né à Besançon en 1779, a donné dans les recueils des travaux de l'Académie de Besançon des fragments d'une traduction de Perse, et un grand nombre d'articles dans la *Biographie universelle*. — *Voy.* dans le *Répertoire* son jugement sur Ausone.

WERNER. Notice, XXX, 444. — Jugement par madame de Staël, *ibid*.

WIELAND. Notice, XXX, 450. — Jugement par madame de Staël, 451.

WINCKELMANN. Notice, XXX, 458. — Jugement par madame de Staël, 459. — Morceau choisi, 461.

WOILLEZ (madame), née à Saint-Omer en 1781, a publié *l'Enfant du Boulevard, ou Mémoires de la Comtesse de Tourville*, Paris, 1819, 2 volumes in-12; *Édouard et Mathilde*, Paris, 1822, 2 volum. in-12. — Madame Woillez a donné dans notre *Répertoire* la notice sur l'abbé Carron; les articles signés W, et un grand nombre d'autres.

X

XÉNOPHON. Notice par Rollin, XXX, 464. — Jugements, par Thomas, 466; par La Harpe, 472; par de Sainte-Croix, 473; par Marmontel, XV, 259.

Y

YOUNG. Notice par Taviand, XXX, 475. — Jugement par Blair, 478. — Morceaux choisis, 479. — Pensées choisies, 482.

YRIARTE. Notice sur sa vie et sur ses ouvrages par Joly, XXX, 484. — Fables choisies (traduction de Joly), 494.

Z

ZÉNO (APOSTOLO-), né à Venise en 1669, mort en 1750, a laissé un grand nombre d'écrits sur les antiquités ; des *Lettres*, Venise, 1785, 6 vol. in-8. Ses *OEuvres dramatiques* ont été publiées à Venise en 10 vol. in-8, 1744. La traduction française qui a paru en 1758, en 2 vol. in-12, ne contient que huit de ses pièces.

ZÉNODOTE, d'Éphèse, revit l'édition d'Homère, dite *de la cassette*, XV, 313.

ZOILE, fameux détracteur d'Homère. — Ce qu'en dit La Harpe, XV, 315.

FIN DU SUPPLÉMENT ET DE LA TABLE.

Contraste insuffisant

NF Z 43-120-14

www.ingramcontent.com/pod-product-compliance
Lightning Source LLC
Chambersburg PA
CBHW061958180426
43198CB00036B/1361